Über dieses Buch

Schon von Anbeginn der Geschichte haben unsere Vorfahren Naturphänomene beobachtet und sich zu erklären versucht. Wie kommt der Wechsel der Jahreszeiten zustande? Tod und Wiedergeburt manifestieren sich im Pflanzenzyklus. Welche Mächte wirken da? So entstanden Mythen, Märchen und Sagen rund um die Pflanzenwelt. Einige davon sind in diesem Band versammelt.

Das Buch ist in drei Kapitel unterteilt: »Zauberhafte Gärten und Zauberpflanzen«, »Zauberwälder und Wunderbäume« sowie »Mythische Gärten und Geschichten«. Nicht alle Texte ließen sich dabei eindeutig zuordnen. In allen spielen Pflanzen eine wesentliche Rolle.

Über die Herausgeberin

Sigrid Früh (geb.1935, gest.2016) studierte Germanistik und Volkskunde und war eine der bekanntesten Märchenerzählerinnen und Märchenforscherinnen Deutschlands. In zahlreichen Seminaren und Vorträgen brachte sie die Märchen einem breiten Publikum nahe.
Weitere Informationen: www.sigrid-frueh.de.

Zauberhafte Gärten

Herausgegeben
von Sigrid Früh

KÖNIGSFURT-URANIA

Bibliographische Information der Deutschen Nationalbibliothek
Die Deutsche Nationalbibliothek verzeichnet diese Publikation in der Deutschen
Nationalbibliographie; detaillierte bibliographische Daten sind im Internet über
http://dnb.d-nb.de abrufbar.

Sonderausgabe
3. Auflage Krummwisch bei Kiel 2018

© 2013 by Königsfurt-Urania Verlag GmbH
D-24796 Krummwisch
www.koenigsfurt-urania.com   www.maerchen-schaetze.de

Jessica Quistorff, Seedorf, unter Verwendung der folgenden Motive
»Rosengarten mit großem Buchsbaum« © Marina Lohrbach - Fotolia.com
und »basket with fresh radishes« © Diana Taliun - Fotolia.com
Satz: Stefan Hose, Götheby-Holm
Lektorat: Claudia Lazar, Kiel
Druck und Bindung: Finidr s.r.o.
Printed in EU

ISBN 978-3-86826-043-4

Inhalt

Mythische Gärten und Geschichten

Drei Rosen auf einem Stiel

Es war einmal ein Mann, der hatte zwei Töchter, die konnten sich nicht gut miteinander vertragen; daran war aber besonders die eine schuld. Eines Tages wollte der Vater auf den Markt gehen und fragte die Töchter: »Was soll ich euch mitbringen?« Da wünschte sich die eine ein schönes Kleid, die andere, welche die bravste war, drei Rosen auf einem Stiel. »Wenn ich die nur bekommen kann«, sagte der Vater und ging fort und kaufte auf dem Markte ein neues Kleid, aber so viel er sich auch unterwegs und nachher auf dem Markte nach Rosen umsah, so konnte er doch keine solche gewahr werden.

Endlich, als er schon wieder auf dem Heimwege war, sah er in einem Garten einen blühenden Rosenstrauch und da waren auch gerade drei Rosen auf einem Stiel beisammen, wie es die Tochter sich gewünscht hatte. Da stieg er in den Garten und brach sich die Rosen ab. Aber mit einem Male stand da ein schwarzes, haariges Ungeheuer und sagte: »Was machst du da in meinem Garten?« Der Mann erzählte nun, dass er eine Tochter habe, die sich drei Rosen auf einem Stiel gewünscht habe, und bat, dass er diese Rosen, die er schon so lange gesucht, mitnehmen dürfe. Da sagte das Tier: »Ja, du darfst sie mitnehmen, musst aber dafür morgen um die und die Stunde mit deiner Tochter hierherkommen, sonst wirst du sterben.«

7

Da versprach der Mann, dass er wiederkommen wollte, und ging mit seiner Rose heim und führte am andern Tage die Tochter her, verspätete sich aber ein wenig. Indessen war es eben noch Zeit. Da fand er in dem Garten einen Tisch schön gedeckt und mit Speisen reichlich besetzt, er setzte sich mit seiner Tochter hin und aß, als sie fertig waren, erschien auch das Tier und fragte: Ob das die Tochter sei, welche sich die drei Rosen gewünscht? Und als der Vater ja sagte, sagte das Ungeheuer: »Nun, so kannst du nur wieder nach Haus gehen, deine Tochter aber muss hier bleiben.« Da ging der Vater allein heim und ließ seine Tochter voll Sorge zurück. Das Ungeheuer aber führte sie alsbald in ein schönes Gartenhaus und zeigte ihr die herrlichsten Schmucksachen von Gold und Silber und Edelsteinen, von denen sie sich auswählen durfte, was ihr gefiel, und als sie das getan hatte, sagte das Ungeheuer: »Jetzt kannst du auch wieder heimgehen, musst aber morgen um die und die Zeit wieder hier sein!« Ja, das wollte das Mädchen auch gern und kehrte vergnügt zu ihren Eltern zurück.

Da ärgerte sich aber die andere Schwester über den kostbaren Schmuck und hielt ihre Schwester am folgenden Tag, als sie wieder in den Garten wollte, aus Neid so lange auf, dass sie zu spät kam. Wie sie nun in den Garten trat, war niemand da zu sehen und zu hören. Da rief sie ganz ängstlich: »Liebes Tierlein, wo bist?« Da hörte es zur Seite in dem Graben etwas wimmern und winseln und ging darauf zu und sah das Tier darin liegen. »Ach«, seufzte das Untier, »wärst du nicht bald gekommen, so hätte ich sterben müssen.« – Dann kroch es aber heraus, streifte sich mit einem Male den haarigen Pelz herunter und stand da als ein schöner junger Mann. Da waren beide seelenvergnügt, hielten Hochzeit und lebten glücklich miteinander bis an ihr Ende.

Märchen aus Süddeutschland

Das Rosenmädchen

Eine Waldfrau hatte einen armen Waisenjungen, der sich verirrt hatte, mitleidig in ihr Haus genommen und pflegte ihn wie eine rechte Mutter. Als er groß war, sagte er eines Tages:

»Mutter, ich muss fort, ich will das Rosenmädchen suchen!«

»Das ist weit, mein Sohn, und wenn du auch dahin gelangen solltest, so wirst du es dennoch schwer erwerben, denn es wird von einem Drachen bewacht!«

Der Knabe ließ sich aber nicht länger halten, da gab ihm seine Mutter eine Glocke und sprach:

»Wenn du etwas wünschest, so läute damit!«

Darauf verabschiedete sich der Knabe und machte sich auf den Weg. Lange, lange ging er so dahin. Eines Tages begegnete er einem großen Bienenschwarm und er fragte die Bienenkönigin, ob sie nicht wisse, wo das Rosenmädchen wohne. Das wisse sie nicht, gab sie zur Antwort, aber sie könne es bald erfahren. Sie sandte nun alle Bienen aus, um Kunde einzuziehen. Alle kamen sie zurück und wussten keine Nachricht. Die Bienenkönigin zählte und siehe, es fehlte eine. Endlich kam auch diese zurück und brachte erwünschte Botschaft, denn sie war gerade bei dem Rosenmädchen gewesen. Diese Biene zeigte nun dem Knaben den Weg. Sie führte ihn über eine große, große Wiese in einen Wald. Am Ende des Waldes wohnte das Rosenmädchen in einem großen Schloss. Der Knabe verdingte sich dort als Gänsehirt und weidete immer in der Nähe des Schlossgartens. Jeden Tag konnte er hier das Rosenmädchen sehen, wie es unter den Blumen wandelte, und es war sehr schön. Da erfuhr er eines Tages, dass das Rosenmädchen jeden Abend in die Stadt zum Ball fahre. Als es nun Abend wurde, nahm er seine Glocke und läutete. Da stand vor ihm ein kupferrotes Ross bereit und daneben lag ein kupferner Mantel. Sogleich legte er den Mantel um, schwang sich auf das Ross und ritt in die Stadt. Auf dem Ball tanzte er die ganze Zeit mit dem Rosenmädchen und das hatte seine helle Freude an dem schönen Jüngling. Noch ehe der Ball vorüber war, machte er sich heimlich fort.

Das Rosenmädchen erzählte seiner Mutter von dem schönen Jüngling im kupfernen Mantel, dieser aber hütete schon wieder als armer Hirt die Gänse und blickte nur verstohlen in den Blumengarten.

Den folgenden Abend ging das Rosenmädchen wiederum zum Ball. Der Gänsehirt läutete abermals und ein silbernes Ross stand sogleich bereit und ein silberner Mantel lag daneben. Er warf den Mantel um, schwang sich auf das Ross und ritt in die Stadt. Auf dem Ball tanzte er wiederum die ganze Zeit mit dem Rosenmädchen und das hatte seine helle Freude an ihm. Noch ehe der Ball vorüber war, machte er sich heimlich fort.

Am folgenden Morgen erzählte das Rosenmädchen abermals seiner Mutter von dem schönen Jüngling, der diesmal mit einem silbernen Mantel gekleidet gewesen sei. Dieser aber hütete wieder die Gänse und blickte nur verstohlen in den Blumengarten. Die Mutter aber war begierig, den schönen Jüngling kennenzulernen, und sprach zu ihrer Tochter, ob sie ihn nicht gezeichnet hätte.

Das Rosenmädchen sage: »Nein!« – »So nimm denn nun zum nächsten Mal ein wenig Pech mit und wenn er mit dir tanzt, so streiche es ihm ins Haar.«

Am Abend ging das Rosenmädchen wieder auf den Ball und diesmal nahm es Pech mit. Der Gänsehirt aber holte seine Glocke hervor und läutete. Da stand ein goldenes Pferd bereit und ein goldener Mantel lag daneben. Er hüllte sich schnell in den Mantel, schwang sich aufs Ross und war bald in der Stadt.

Auf dem Ball tanzte er wieder mit dem Rosenmädchen. Da strich es ihm ein wenig Pech ins Haar. Als der Ball zu Ende ging, eilte er hinaus, schwang sich auf sein Ross und ritt davon.

Am Morgen erzählte das Rosenmädchen wieder seiner Mutter von dem schönen Jüngling, wie er jetzt in einen goldenen Mantel gehüllt gewesen und wie sie ihm Pech ins Haar gestrichen hätte. Der Gänsehirt aber sah wieder verstohlen durch die Hecke in den Blumengarten. Wie er aber gegen Mittag nach Hause kam, sah das Rosenmädchen ihn lange an und merkte, dass das Haar verklebt war.

Da rief sie voll Freude: »Du bist unser Retter!«

»Das will ich gerne sein!«, antwortete der Jüngling. Die Mutter aber sprach: »Auf denn, dass wir entfliehen, noch schläft der Drache, wenn er aber erwacht, so sind wir verloren!«

Da ging der Gänsehirt hinaus und läutete dreimal mit seiner Glocke. Sogleich standen das kupferne, das silberne und das goldene Pferd bereit. Das Rosenmädchen setzte er auf das goldene und legte ihr den goldenen Mantel um, die Mutter auf das silberne und gab ihr den silbernen Mantel, er selbst schwang sich auf das kupferne und hüllte sich in den kupfernen Mantel. So sprengten sie zusammen hinweg. Im Schloss aber lag ein mächtiges Fass mit drei eisernen Ringen. Darin schlief der Drache seinen Jahresschlaf. Das Jahr war aber gerade zu Ende gegangen. Da sprang der erste Reif, bald der zweite und schon auch der dritte und jedes Mal krachte es so gewaltig wie ein Donnerschlag. Der Drache rieb sich die Augen und blickte um sich.

»Wo ist mein Rosenmädchen?«, brüllte er. Niemand aber antwortete ihm. Da sprang er auf und sah in allen Zimmern nach und im Garten, es war aber niemand da. Zornig eilte er in den Stall, schwang sich auf seinen Fohlenhengst und sprach: »Nun trage mich flugs zum Räuber hin!«

Es dauerte nicht lange, so hatte er die Fliehenden erreicht. Sie konnten nicht weiter, denn sie waren auf die Stelle gebannt.

Da sprach der Drache: »Ich könnte dich, du kleiner Erdenwurm, zerschmettern, allein das brächte mir wenig Ruhm!«

Er nahm dem Jüngling die Glocke, das goldene, das silberne und das kupferne Ross weg und ritt mit dem Rosenmädchen und seiner Mutter zurück. Noch einmal sah er zurück und höhnte den Knaben: »Du könntest das Rosenmädchen wohl erlösen, wenn du ein Ross hättest wie ich, das ich von meiner Mutter bekommen habe. Allein das wird nie und nimmermehr geschehen!«

Damit zog er heim und legte sich nun wieder in sein Fass zum Jahresschlaf und die eisernen Ringe legten sich von selbst um das Fass. Das Rosenmädchen pflegte am Tage die Blumen. Abends ging es nicht mehr auf den Ball, sondern dachte immerzu an seinen Retter.

Der Jüngling aber wanderte und wanderte immerfort und suchte nach der Mutter des Drachen. Er sah auf einmal einen Raben, der hatte sich in ein Netz verstrickt und bat den Jüngling, er möge ihm heraushelfen, er wolle es ihm vergelten. Der Jüngling befreite den Raben und dieser flog hinweg. Wie er weiter kam, sah er einen Fuchs, der steckte in einer Falle und konnte nicht fortkommen.

»Hilf mir«, sprach dieser, »ich will dir's vergelten.« Der Jüngling befreite den Fuchs und dieser lief in den Wald.

Endlich gelangte der Jüngling zum Meeresufer und er sah einen Fisch dort im Trockenen zappeln und der bat: »Setze mich ins Wasser, ich will dir's vergelten!« Der Jüngling tat es und der Fisch schwamm davon.

Als er nun weiterwanderte, sah er auf einmal ein Häuschen. Drinnen wohnte die Drachenmutter. Er ging hinein und fragte sie, ob sie ihn in ihren Dienst nehmen wollte.

»Ei, jawohl, du sollst mir meine Stute hüten. Was soll ich dir geben aufs Jahr?«, sprach die Drachenmutter.

»Nur ein Füllen!«, sagte der Jüngling.

»Es sei! Bringst du mir aber abends die Stute einmal nicht

heim, so ist es mit deinem Leben vorbei.« Die Drachenmutter hatte schon viele in den Dienst genommen und alle waren ums Leben gekommen.

Am Morgen zog der Jüngling mit der Stute auf die Weide, bald aber verlor er sie aus den Augen und er suchte sie bis zum Einbruch der Dämmerung und konnte sie nicht finden.

Da sah er den Vogel über sich und rief: »Hilf mir, wenn du kannst!«

Da sprach der Rabe: »Die Stute ist in den Wolken und hat ein Füllen geboren, setze dich auf mich, ich bringe dich zu ihr!«

Als der Jüngling die Stute und das Füllen nach Hause brachte, verwunderte sich die Drachenmutter sehr.

Am folgenden Morgen, wie er sie hinaustrieb, ging es ihm genauso. Die Stute war mit dem Füllen auf einmal verschwunden und er suchte sie bis zum Einbruch der Dämmerung und konnte sie nicht finden. Da begegnete ihm der Fuchs und er klagte ihm seine Not.

Der Fuchs sprach: »Die Stute ist in der Berghöhle und hat da ein Füllen geboren, komm setze dich auf mich, ich will dich dort hinbringen.«

Der Jüngling kam durch ein Fuchsloch in die Höhle und trieb die Stute und die zwei Füllen nach Hause. Die Drachenmutter wunderte sich sehr, als sie ihn kommen sah.

Am dritten Tage, wie er die Stute und die zwei Füllen austrieb, waren sie gleich wieder vor seinen Augen verschwunden. Er suchte sie bis zum Einbruch der Dämmerung und fand sie nicht. Er kam auch ans Meer und sah betrübt ins Wasser. Da kam der Fisch herbeigeschwommen und fragte ihn, warum er so traurig sei. Der Jüngling klagte ihm seine Not.

Der Fisch sprach: »Die Stute ist auf dem Meeresgrunde und hat dort ein Füllen geboren. Ich will dich aber gleich zu ihr bringen!«

Der Fisch nahm ihn in sein Maul und schwamm mit ihm auf den Grund des Meeres. So trieb er die Stute und die drei

Füllen nach Hause. Die Drachenmutter verwunderte sich sehr und wusste nicht, wie das zuginge. Sie konnte nun die Stute und die drei Füllen nirgends mehr verbergen.

Der Jüngling weidete sie, bis ein Jahr vergangen war. Da sprach die Drachenmutter: »Jetzt wähle dir ein Füllen!«

Da nahm er sich das älteste. Dieses war eine schöne Stute geworden. Er schwang sich auf sie und ritt zum Schloss des Rosenmädchens, um es vom Drachen zu befreien.

Kaum war er in der Nähe des Schlosses, da fing seine Stute an zu wiehern. Das vernahm der Fohlenhengst des Drachen im Stall und fing auch an zu wiehern und zu stampfen, dass alles erbebte. Darüber erwachte der Drache in dem Fass, denn es war auch das Jahr gerade zu Ende. Die drei Reifen sprangen mit großem Knall nacheinander ab.

Der Drache eilte in den Stall. Aber der Fohlenhengst hatte sich schon losgerissen und wollte zur Stute laufen. Da griff der Drache an den Mähnen und schwang sich auf seinen Rücken und wollte ihn bändigen. Der aber bäumte sich gewaltig. Der Drache stürzte herunter und nun zerstampfte ihn der wilde Hengst unter seinen Füßen, dass er gleich tot war. Dann sprengte er über die Schlossmauer und lief der Stute nach. Als aber der Jüngling am Schloss angelangt war, sprang er ab und stieg über die Gartenhecke und grüßte und umarmte das Rosenmädchen. Seine Stute war gleich umgekehrt, lief zu der Drachenmutter zurück und der Fohlenhengst folgte ihr.

Der Jüngling war nun Herr des Schlosses und hatte auch seine Glocke und die drei Wunderrosse wieder. Darauf hielt er Hochzeit mit dem Rosenmädchen und sie lebten herrlich und in Freuden.

Märchen aus Siebenbürgen

Das Dornröschen

Da war in alten Zeiten, in sehr alten Zeiten, ein König und eine Königin, die hatten alles, nur keine Kinder. Endlich, nach jahrelangem Warten, ward ihre Sehnsucht gestillt, ihr höchster Wunsch erfüllt.

Die Königin gebar eine Prinzessin. Man richtete eine große Taufe her und lud dazu sämtliche sieben Feen des Landes.

Nach der Taufe begab man sich in den Saal zu einem großen Festessen. Jeder der sieben Feen legte man ein herrliches goldenes, mit Diamanten und Rubinen besetztes Besteck vor, Messer, Gabel und Löffel, in einem prächtigen Futteral. Als schon alles am Tische saß, trat plötzlich noch eine alte Fee ein, die nicht eingeladen war und die man vergessen hatte, weil man seit mehr als hundert Jahren nichts von ihr wusste und sie für tot oder verschollen hielt. Man bat sie, Platz zu nehmen, aber betreffs des goldenen Bestecks war der König in großer Verlegenheit, denn schon damals hatten die Könige nicht immer so viel Gold, wie sie brauchten. Man legte ihr also ein gewöhnliches Besteck vor und entschuldigte sich. Die alte Fee aber fühlte sich beleidigt, murmelte etwas zwischen den falschen Zähnen und machte ein böses Gesicht. Eine der jüngeren bemerkte das, und besorgt, dass die Alte der Prinzessin irgendwas Böses erfinden und anwünschen könnte, versteckte sie sich hinter einem Vorhang, um im entscheidenden Moment hervorzutreten und den bösen Zauber so viel wie möglich zu entkräften.

Gleich nach Tische gingen die Feen, die wussten, wozu sie geladen waren, an ihr Geschäft und fingen an, die Prinzessin zu beschenken, und zwar mit allen jenen Eigenschaften, die eine Mutter vor allem ihrem Töchterlein anwünscht, damit es sobald wie möglich den Leuten in die Augen falle und eine gute Partie mache. Die erste Fee sagte: »Werde die schönste Person der Welt!«

Die zweite: »Sei so geistreich wie möglich, ohne unausstehlich zu werden!«

Die dritte: »Was du tust und wie du's tust, soll Mode werden!«

Die vierte: »Alle neuen Tänze sollst du gleich so vortrefflich tanzen, als hättest du nie etwas anderes gelernt, und niemals sollst du sitzenbleiben!«

Die fünfte: »Singe wie eine Nachtigall!«

Die sechste: »Spiele ausgezeichnet Klavier, zweihändig, vierhändig, sechshändig, achthändig, selbst einhändig!«

Jetzt war die Reihe an der alten Fee und ganz ärgerlich darüber, dass es ein so junges und perfektes Frauenzimmer geben solle, rief sie: »Die Prinzessin soll sich in ihrem fünfzehnten Jahre an einer Spindel stechen und tot hinfallen.«

Diese schreckliche Bescherung erfüllte die ganze Gesellschaft mit Entsetzen, und alles fing zu weinen und zu jammern an.

»Nur ruhig, nur ruhig!«, rief die junge Fee, die plötzlich hinter dem Vorhang hervortrat, »beruhigt Euch, Herr König und Ihr, Frau Königin, ich habe auch noch etwas zu sagen, denn es ist nicht meine Art, der Alten das letzte Wort zu lassen. Zwar kann man das Übel, das alte Weiber mit bösen Worten anrichten, nicht immer ungeschehen machen, aber lindern und mindern kann es manchmal eine gute Fee. Und so soll die Königstochter nicht sterben an dem Spindelstich, sondern nur in einen tiefen, hundert Jahre dauernden Schlaf versinken. Nach diesen hundert Jahren wird sie ein wunderschöner Königssohn erlösen und aus dem Schlafe wecken.«

Der König glaubte mit Verboten und Drohungen alles durchsetzen zu können. Und um das Unglück zu verhüten, erließ er ein Verbot, welches alles Spinnen und jede Hantierung mit Spindeln im ganzen Reiche aufs strengste untersagte und

Verbannung und Verbrennung sämtlicher Spindeln anordnete. Und sobald das Gesetz ergangen war, verließ sich der König auf seine Beamten und war ganz ruhig.

Als die Prinzessin fünfzehn Jahre alt war, machte der König mit seiner Königin eine Reise, und die Prinzessin, die nun von ihrer Dienerschaft weniger bewacht wurde, benützte ihre Freiheit, um sich im Schlosse näher umzusehen. Sie lief treppauf, treppab, durch Stuben und Kammern und kam zuletzt in einen alten Turm. Sie stieg die Wendeltreppe hinauf und gelangte hoch oben in ein kleines Gemach. Da saß eine gute alte Frau und spann emsig ihren Flachs.

»Gute alte Frau«, fragte die Prinzessin verwundert, »was machst du da?«

»Ich spinne meinen Flachs!«

»Und was ist das für ein Ding, das da so lustig tanzt und springt und sich dreht wie im Tanze?«, fragte die Prinzessin und griff nach der Spindel. Kaum hatte sie die Spindel berührt, so stach sie sich, fiel hin und sank in einen tiefen, tiefen Schlaf.

Und in demselben Augenblicke schlief mit ihr alles ein, was im Schlosse war, die Kammerherren, die Hofdamen, die Möpse, die Jagdhunde, die Leibkatzen, die Kammermädchen, die Hofmusik, die Pferde im Stalle, die Schwalbe im Neste, die Nachtigall im Busche, die Taube auf dem Dache, die Pagen, die Türsteher, die Hundejungen, die Läufer, die Köche und Küchenjungen, die Beschließerin, das Feuer auf dem Herde, das Wasser am Rohrbrunnen und im Springbrunnen, selbst Blumen, Büsche und Bäume und selbst der Wind, der eben über das Schloss wehte, alles in der Stellung und Lage, die es eben hatte, als die Prinzessin in Schlaf sank. Rings um das Schloss aber begann es zu sprossen, zu wachsen und zu treiben, und bald war es von einer dichten, undurchdringlichen Dornhecke umgeben. Und um die Dornhecke wiederum wuchs ein gewaltiger, so hoher Wald, dass kaum die Turmspitzen des Schlosses, und diese auch nur aus weiter Ferne, sichtbar blieben. Und Bäume, Sträucher, Dornhecken und Schlingpflanzen aller Art woben und schlangen sich so ineinander, dass in das Schloss gar nicht zu gelangen war und dass man es im Lande nach und nach ganz vergaß.

Nur die Sage erzählte noch, dass hinter der Hecke ein wunderschönes Schloss stehe und dass in dem Schlosse eine wunderschöne Prinzessin schlafe, und diese Prinzessin nannte man nach der Dornhecke, die ihren Schlaf beschützte, das Dornröschen.

Die Sage von dem wunderschönen Schloss und der wunderschönen Königstochter lockte viele tapfere Königssöhne herbei, welche den besten Willen hatten, in das Schloss zu dringen und Dornröschen zu erlösen. Aber sie blieben in der Dornhecke hängen, zappelten sich vergebens ab und starben eines jämmerlichen Todes. Der Weg zum Glücke ist immer ein dorniger und voll von Hindernissen, und noch dorniger und reicher an Hindernissen ist der Weg zur Schönheit, welche erlöst werden, die Augen aufschlagen und die Welt mit ihrem Lächeln und Blick erheitern soll. Jeder hat Lust zu einer solchen Erlösung, aber wenige haben die Kraft, und am Ende nützt alle Kraft nichts, wenn nicht die rechte Stunde gekommen und zur rechten Stunde der rechte Mann.

Der rechte Mann aber war ein Königssohn, der gerade hundert Jahre, nachdem Dornröschen eingeschlafen war, in die Gegend kam, angeblich der Jagd wegen, in der Tat aber, weil er gehört hatte, dass hier eine große Schönheit zu erlösen und ein herrliches Reich voll Schönheit zu gewinnen sei. Der Wald sah erschrecklich aus, und noch erschrecklicher war, was man ihm erzählte: von den unzähligen Königssöhnen, die in den Dornhecken wie in Schlingen hängengeblieben und sich zu Tode gezappelt; von den bösen Geistern, die in dem Schlosse umgehen und jeden Eindringling zerreißen sollten; von einem bösen Riesen, der es bewohne und Kinder und Erwachsene fresse. Aber all das konnte den tapferen Königssohn, der sich für berufen und auserwählt hielt und eine unendliche Sehnsucht nach dem Dornröschen empfand, nicht abhalten.

Lieber sterben, dachte er, als sein Ideal nicht erreichen. Er tat, was in solchen Fällen am zweckmäßigsten ist, er ging darauf los. Und siehe da, die fürchterlichen Hecken, die alten Bäume, das Gestrüpp, die dornigen Wände, alles öffnete sich ihm wie weite Flügeltüren, die dienstfertige Bediente vor ihm aufgestoßen hätten. Auffallend war, dass die Hecken und Gesträuche sich gleich hinter ihm schlossen und nur ihn, ihn allein, durchließen, während sie vor den Nasen seiner Leute, die ihm folgten, wieder zusammenschlugen, als ob sie sagen wollten: Da könnte jeder kommen! Neu ermutigt schritt er weiter, wohl fühlend, dass er vor den andern etwas voraushatte und dass ihn eine geheimnisvolle Macht begünstigte.

Endlich kam er an ein prächtiges Tor und durch das Tor in einen Hof, dann in einen zweiten Hof, dann an eine große Treppe. Die stieg er hinauf und gelangte in einen Vorsaal, dann in einen Prachtsaal, dann in einen zweiten, dritten, vierten Saal, einer immer schöner als der andere. Überall auf seinem Wege, vom Tor angefangen, standen, saßen, lagen oder befanden sich in den verschiedensten Stellungen des Gehens, Laufens und allerlei Handelns wie gefroren Türsteher, Wachen, Bediente, Hofleute jeglicher Art, zu Fuß, auch zu Ross, alles schlafend. Der Königssohn kümmerte sich nicht um die Menge, ebenso wenig ließ er sich durch die unheimliche Stille, die rings um ihn herrschte, anfechten, obwohl manches gar kurios und schön anzusehen gewesen wäre: wie der Page so schön an dem Türpfosten lehnte oder wie der Efeu sich um das Waldhorn des Jägerburschen geschlungen hatte, wie der Springbrunnen, als wäre er aus Kristall, steif und fest in der Luft stand und andere dergleichen Wunder.

Ihn trieb es weiter, und aus den Sälen kam er in die Gemächer, in eine lange Reihe von Gemächern, alle mit Gold, Seide, Zindel, Schnitzwerk, Bildern und allen schönen Dingen geschmückt – etwas altmodisch, aber recht malerisch und höchst interessant. Er hätte mit einiger Geduld in diesen Gemächern allerlei lernen können, aber er hatte etwas Besseres zu tun, als altes Zeug zu studieren. Er wollte die Schönheit sehen mit Augen. So wanderte er weiter, bis er in eine vergoldete Schlafkammer trat, und da bot sich ihm ein Schauspiel dar, wie er dergleichen nie gesehen.

In einem Bett, dessen Vorhänge ganz zurückgezogen waren, lag Dornröschen, frisch und gesund und schön wie Milch und Rosen. Es ging ordentlich ein Glanz von ihr aus, der das ganze Zimmer mit Licht erfüllte. Ihre Brust hob sich sanft, wie in leisem Schlummer, ihre Lippen lächelten und bewegten sich, als wollte sie etwas recht Angenehmes sagen.

Der Königssohn stand wie verzaubert und wusste nicht, was beginnen. Endlich aber, nachdem er wohl eine Viertelstunde so im Anschauen des herrlichen Bildes dagestanden, fasste er sich, beugte sich zu ihr herab und drückte auf ihre Lippen einen herzhaften Kuss.

Dornröschen war erlöst. Sie tat, als wüsste sie gar nicht, auf welche Weise sie erlöst worden, blinzelte eine Sekunde lang und schlug dann endlich die Augen ganz auf, die schönen großen blauen Augen. Dann sagte sie, indem sie die Hand vor den ein klein wenig gähnenden Mund hielt: »Sind Sie es, mein Prinz? Sie haben recht lange auf sich warten lassen, mein Prinz!«

Man konnte nicht angenehmer ausgezankt werden, und in der Tat war der Prinz ganz entzückt von dem Vorwurf, von dem vornehmen Gähnen, von ihrer schönen Hand, von ihren Augen, kurz von allem, was er sah, hörte, fühlte. Und er überlegte es sich nicht lange, sank vor ihr aufs Knie und erklärte ihr seine Liebe, was umso schöner klang, je ungeordneter, verwirrter es zum Vorschein kam.

Mittlerweile war, als Dornröschen die Augen aufgeschlagen, auch das ganze Schloss und alles, was mit ihr eingeschlafen, wieder erwacht, wie es sich für eine gute Dienerschaft ziemt. Jedermann ging an sein Amt und an seine Pflicht. Da aber die Herzen der Hofleute nicht so beschäftigt waren wie das Herz ihrer Herrschaft, machten sich ihre Magen, die hundert volle Jahre gefastet hatten, desto empfindlicher geltend.

Sie bellten förmlich vor Hunger, und die erste Hofdame war so hungrig wie der letzte Schweizer und Hundejunge, und sie stürzte ins Gemach der Liebenden und verkündete, dass die Suppe aufgetragen sei.

Der Königssohn half Dornröschen, deren Glieder noch immer etwas eingeschlafen waren, aus dem Bette. Sie war ganz angekleidet, wobei er bemerkte, dass ihre Toilette die größte Ähnlichkeit hatte mit der seiner seligen Großmutter. Aber er hütete sich, darüber ein Wörtchen zu verlieren. Er ging sogar so weit, ihre veraltete Tracht von anno dazumal auf feine Weise zu loben, was ihm in ihren Augen gewiss nicht schadete, obwohl sie tat, als läge ihr an solchen Kleinigkeiten wie Kleider und Putz nicht das allermindeste.

Zierlich ihre Hand fassend, führte er sie in einen großen Spiegelsaal, wo bereits die ganze Hofgesellschaft versammelt und ein gutes Nachtessen aufgetragen war. Geigen und Pfeifen spielten schöne alte Weisen auf, die Dornröschen wohl kannte, die dem Prinzen aber wie eine Musik aus einer andern Welt klangen. Nach Tische wurde der Hofprälat geholt und in der Hofkapelle das junge Paar zusammengetan, dann in ein Schlafgemach geführt, das einige alte Hofdamen mit besonderem Eifer rasch und zweckmäßig hergerichtet hatten, wobei diese Alten so heiter waren, als ob sie selbst Hochzeit machen sollten.

Märchen nach Charles Perrault

Die Rosenkönigin

Es war einmal ein König, der lebte sehr glücklich mit seiner schönen, tugendsamen Gemahlin, ein einziges Söhnlein war ihnen vom Himmel geschenkt und dieses war die Lust der Eltern. Doch nicht nur in des Königs hoher Familie war es so friedsam, sondern in seinem ganzen Lande, überall, auch in dem kleinsten Dörflein war Verdienst und Wohlstand, das Volk war zufrieden und freundlich. Einer weisen, milden Regierung erblühte Ordnung, Ordnung aber bringt Wohlstand, Zufriedenheit und Freundlichkeit.

Der gute König musste jedoch ein gar herbes Schicksal erfahren, seine liebe Gemahlin starb und ließ ihn einsam zurück, mit dem nun mutterlosen Prinzen. Tief trauerte der König und das ganze Land mit ihm. Auch das kleine fromme Kindesherz des Prinzen war sehr betrübt, denn es hatte mit aller kindlichen Liebe an seiner Mutter gehangen. Auf dem Sterbebette hatte sie ihn gesegnet und ihn noch scheidend zu allem Guten ermahnt, zum treuen Glauben an Gott, zur Liebe und Milde gegen alle Menschen.

»Und wenn du ein Jüngling worden bist«, waren ihre letzten Worte, »so wähle dir nur eine junge Frau guten Herzens zu deiner Gemahlin und ehre das Andenken deiner Mutter und ihrer letzten Worte.«

Dieses hatte einen tiefen Eindruck in das weiche Herz des Knaben gemacht, immerdar gedachte der Prinz seiner sterbenden Mutter, es kam ihm oft vor, als umschwebe sie ihn und lächle ihm selig zu. So wuchs der Prinz in frommer Sitte empor und wurde ein schöner, blühender Jüngling.

Doch das königliche Vaterauge war verblendet worden von einer fürstlichen, listigen Dame, die den Herrscher gar bald mit ihren erkünstelten Reizen also schlau zu fesseln wusste, dass er ihr nachgab und sie ihn völlig beherrschte. Bald fand das glänzende Hochzeitgelage statt.

Der bejahrte König, sonst so gut und milde, war zum alten Toren geworden und hatte sein Leben an ein listiges, böses Schlangenherz gekettet. Nur zu bald musste er die bittere Frucht seiner Torheit kosten, das böse Weib stiftete allenthalben Unheil an, erregte den Vater wider den Sohn und den Sohn wider den Vater und die Herrschaft wider die Diener, übte ihre frevle Verblendungskunst immer fort, so dass sie die Herzen alter und junger Männer für sich entflammte.

Eine kurze Zeit und das reuevolle Leben des Königs hatte geendet. Der Prinz wurde König und beherrschte das Volk mit der Klugheit und Milde, die überall zum wahren Wohle des Landes dient. Aber an ihm übte die arge Stiefmutter ihre Künste vergebens, er verachtete sie im Stillen und suchte sich immer in heilsamer Entfernung von ihr zu halten.

Da wünschte das Land, dass der jugendliche König sich vermähle, auch er in seinem Innern trug das stille Verlangen, sein Glück mit einem würdigen Frauenbilde zu teilen, aber nicht Stand und Reichtum oder eine Krone sollten diejenige schmücken, die er sich wählen wollte, sondern ein gutes, frommes Herz, wie es seine sterbende Mutter gewünscht. Und ein solches hatte er gefunden, zwar nur das eines armen, schlichten Gärtnermädchens, das aber voll war von reiner Liebe und frommem Glauben. Diese Jungfrau war dem Königssohn bald so innig befreundet, dass der Jüngling ihr zu Füßen sank, ihr ewige Liebe und Treue schwur. Zärtlich und in Tränen schmiegte sich das liebliche Mädchen an die Brust des Jünglings und lispelte: »Ach, du darfst mich ja nicht zur Gemahlin nehmen, siehe ich bin ja arm, bin keine Prinzessin.« – »Sei ruhig, lieb Herz«, sprach der Jüngling, »du sollst meine Gemahlin, meine Königin werden, du und keine andere.«

Der Wunsch nach der Vermählung des Königs wurde lauter und dringender, von allen Seiten her begannen die Väter fürstlicher Töchter dem König Vorschläge zu machen. Die böse Stiefmutter wähnte den so jungen König gänzlich unter ihrer Herrschaft, dass sie sich anmaßte, eine Gemahlin für ihn zu wählen.

Sie ordnete glänzende Festlichkeiten an, wozu viele Prinzessinnen geladen waren, die reich geschmückt und voll Hoffnung zur Schau kamen. Acht Tage hatten die Feste schon gewährt und der König hatte noch keine Prinzessin zur Braut erwählt und hatte auch alle Vorschläge seiner Stiefmutter unbeachtet gelassen.

Am neunten und letzten Festtag sollte sich's entscheiden, so hatte der König selbst verheißen. Die Stiefmutter glaubte voll Zuversicht, dass der König in ihre Wahl eingehen werde, denn sie hatte eine hohe Prinzessin, zwar hässlich von Gesicht und Gestalt, aber unsäglich reich an Gut und Geld für ihn auserwählt. Ein glänzender Ball sollte die Feste beschließen, diesmal waren alle Prinzessinnen doppelt mit Juwelen und Schmuck beladen, da eine jede glaubte, den Sieg davonzutragen.

Doch wie alle in gespanntester Erwartung dem König entgegen harrten, tat sich die Flügeltüre auf, der König trat lächelnd mit seinem lieblichen Gärtnermädchen herein, die so sittig und bescheiden in einem weißen Kleidchen und völlig ohne Schmuck erschien. Da sprühten manche Augen im Kreise der Prinzessinnen voll Ärger und Wut, doch die der Stiefmutter rollten am wildesten und schleuderten grimme Blitze nach dem glücklichen Liebespaar.

Jetzt nahten sich diese beiden der königlichen Stiefmutter, die in der Mitte des Saales, von boshaft lächelnden Prinzessinnen umgeben, weilte, und der König sprach mild und freundlich: »Hohe, verehrte Mutter, hier bringe ich Euch meine liebe, fromme Braut und bitte mit ihr um Euren Segen.«

Aber die Dame sprach voll Zorn und Wut: »König, solltet

Ihr also Eurer Ehre vergessen und eine gemeine Dirne freien? O schämet Euch, mich so tief zu kränken und um meinen Segen für eine schlechte Magd zu bitten.« Und sie wandte ihm den Rücken und schritt voll Grimm und Bosheit einem Nebengemach zu.

Aber der König folgte ihr nach und sprach mit einem strengen, drohenden Ernst: »Weib, das Wort soll Euch schwer wiegen. Wahrlich, ich will Euch zeigen, dass dieses arme Mädchen würdiger ist, Königin zu heißen als Ihr und alle eitlen Prinzessinnen. Eine Kunst habe ich einstmals von einem alten Einsiedler erlernt: Die Menschen zu verzaubern, ihre Herzen zu prüfen, ob sie gut oder böse sind. Schwört, hohe Frau, mir dann die schönste zu wählen, wenn alle hier anwesenden Jungfrauen verzaubert, in Gestalt einer Blume stehen, so will ich Euch gehorsam sein. Aber trifft Eure Wahl dann mein armes Gärtnermädchen, so falle der Zauber auf Euch, dass Ihr ewig darinnen verstrickt bleibet.«

Der König schwieg und die stolze Dame grinste voll Zuversicht ob ihres Sieges. »Ach mein hoher Künstler«, entgegnete sie, »verzaubert immerhin alle anwesenden Jungfrauen, ich will Euch die schönste wählen und bin gewiss, dass ich nicht Eurer Drohung teilhaftig werde. Eure seltsame Laune soll mir ein ergötzlicher Scherz sein.« Und sie ließ sich auf einem samtenen Sessel nieder und harrte der Dinge, die da kommen sollten.

Da breitete der königliche Jüngling ein großes weißes Tuch aus, führte schweigend eine Prinzessin um die andere in das Nebengemach und verhüllte sie damit, wo sie alle sobald einschlummerten. Dann schnitt er einer jeglichen das Herz aus, zuletzt auch seinem lieben Gärtnermädchen. Der Ballsaal verwandelte sich in eine grünende Gartenflur, von einem goldenen Zaun umschlossen, von singenden Vögeln durchflattert. Da vergrub der Jüngling die Herzen und sprach bei einem jeglichen:

»Blühe, blühe, blühe
Aus der Erde auf!
Bist du rein,
Wirst du hold gedeihn.
Aber treibe wilde Dornen,
Wenn du bös wirst sein.«

Bald keimten und sprossten Zweiglein und Blättlein empor.
Wilde Dornsträuche wuchsen rasch aus der Erde, nur hie und
da erschloss sich eine farbige Blüte. Aber in des Gartens Mitte
stand ein Blütenstängel, dessen zartem Kelch entfaltete sich
eine herrliche Rose, eine Rosenkönigin. Glänzender Tau träuf-
te auf sie nieder und das grüne Laub schmiegte sich zärtlich
an die Blüten. Jetzt kam eine Schar Nachtigallen geflogen, die
die Rosenkönigin umkreisten und sangen:

»Holde Rose, holde Rose,
Hehre Blumenkönigin!
Du die Schönste unter allen,
Du die Reinste unter allen
Sollst die ganze Welt bezwingen
Mit der frommen Liebe Sinn.
Hehre Rosenkönigin!«

Aber um die Dornensträuche flogen schwarze Raben und
krächzten auch ihr Lied:

»Wilde Dornen, wilde Dornen,
Schwarz wie unser Nachtgewand.
Sollt am besten uns gefallen
Mit den tausendfachen Krallen.
Sollet dienen in der Höllen,
In der ew'gen Pein, zum Brand.
Schwarze Dornen, Nachtgewand.«

Da führte der König die stolze Dame herein in den Garten, auf dass sie die schönste der Blüten für ihn wähle und als sie die zauberschöne Rose sah und die Nachtigallen singen hörte, die über ihr im Kreise flatterten, als sie das liebliche Liedlein vernahm – da stand sie so beschämt, war von der Rose zaubervoller Macht ergriffen und gerührt, ihr war als fühle sie eine warme Liebe und sie gedachte in diesem Augenblick reuevoll an ihre verübten Bosheiten und Ränke.

Und als sie nun die Dornensträucher sah, darüber die schwarzen Raben ein Höllenlied krächzten, da überlief sie eine Angst, ein Todesgrauen und sie sprach: »Mein Königssohn, ich muss Euch die holde Rose wählen, sie ist die Schönste.«

Nun bewegten sich alsbald der Rose Zweige und Blätter und Blüten und verschmolzen sanft zum Körper eines lieblichen Mädchens, das keine andere war als das fromme Gärtnermädchen. Und es schien noch schöner und bescheidener als zuvor.

Aus den andern Blumen und Dornensträuchen bildeten sich wieder Prinzessinnen, die wie aus einem schweren Traum erwachten. Aber des Königs Stiefmutter war vor Scham und Reue niedergesunken und lag in Betäubung. Und die schwarzen Rabenvögel hackten ihr das Herz aus, und sie wurde zu Stein, von wilden Dornen erstarrt. Die Prinzessinnen eilten scheu davon, wurden aber besser und demütiger in ihren Herzen.

Und der König lebte glücklich und fromm mit seiner Gemahlin, dem Gärtnermädchen, und des Himmels Segen war mit ihnen.

Märchen aus Deutschland

Der Löwe und der Frosch

Es war ein König und eine Königin, die hatten einen Sohn und eine Tochter, die hatten sie herzlich lieb. Der Prinz ging oft auf die Jagd und blieb manchmal lange Zeit draußen im Wald, einmal aber kam er gar nicht wieder. Darüber weinte sich seine Schwester fast blind, endlich, wie sie's nicht länger aushalten konnte, ging sie fort in den Wald und wollte ihren Bruder suchen. Als sie nun lange Wege gegangen war, konnte sie vor Müdigkeit nicht weiter, und wie sie sich umsah, da stand ein Löwe neben ihr, der tat ganz freundlich und sah so gut aus. Da setzte sie sich auf seinen Rücken und der Löwe trug sie fort und streichelte sie immer mit seinem Schwanze und kühlte ihr die Backen. Als er nun ein gutes Stück fortgelaufen war, kamen sie vor eine Höhle, da trug sie der Löwe hinein und sie fürchtete sich nicht und wollte auch nicht herabspringen, weil der Löwe so freundlich war. Also ging's durch die Höhle, die immer dunkler war und endlich ganz stockfinster, und als das ein Weilchen gedauert hatte, kamen sie wieder an das Tageslicht in einen wunderschönen Garten. Da war alles so frisch und glänzte in der Sonne, und mittendrin stand ein prächtiger Palast. Wie sie ans Tor kamen, hielt der Löwe, und die Prinzessin stieg von seinem Rücken herunter. Da fing der Löwe an zu sprechen und sagte: »In dem schönen Haus sollst du wohnen und mir dienen, und wenn du alles erfüllst, was ich fordere, so wirst du deinen Bruder wiedersehen.«

Da diente die Prinzessin dem Löwen und gehorchte ihm in allen Stücken. Einmal ging sie in dem Garten spazieren, darin war es so schön und doch war sie traurig, weil sie so allein und von aller Welt verlassen war. Wie sie so auf und ab ging, ward sie einen Teich gewahr und auf der Mitte des Teichs war eine kleine Insel mit einem Zelt. Da sah sie, dass unter dem Zelt ein grasgrüner Laubfrosch saß und hatte ein Rosenblatt auf dem Kopf statt einer Haube. Der Frosch guckte sie an und sprach: »Warum bist du so traurig?« – »Ach«, sagte sie, »warum sollte ich nicht traurig sein?« Und klagte ihm da recht ihre Not. Da sprach der Frosch ganz freundlich: »Wenn du was brauchst, so komm nur zu mir, so will ich dir mit Rat und Tat zur Hand gehen.« – »Wie soll ich dir das aber vergelten?« – »Du brauchst mir nichts zu vergelten«, sprach der Quakfrosch, »bring mir nur alle Tage ein frisches Rosenblatt zur Haube.« Da ging nun die Prinzessin wieder zurück und war ein bisschen getröstet und so oft der Löwe etwas verlangte, lief sie zum Teich, da sprang der Frosch herüber und hinüber und hatte ihr bald herbeigeschafft, was sie brauchte. Auf eine Zeit sagte der Löwe: »Heute Abend esse ich gern eine Mückenpastete, sie muss aber gut zubereitet sein.« Da dachte die Prinzessin, wie soll ich die herbeischaffen, das ist mir ganz unmöglich, lief hinaus und klagte es ihrem Frosch. Der Frosch aber sprach: »Mach dir keine Sorgen, eine Mückenpastete will ich schon herbeischaffen.« Darauf setzte er sich hin, sperrte rechts und links das Maul auf, schnappte zu und fing Mücken, soviel er brauchte. Darauf hüpfte er hin und her, trug Holzspäne zusammen und blies ein Feuer an. Wie's brannte, knetete er die Pastete und setzte sie über Kohlen und es währte keine zwei Stunden, so war sie fertig und so gut, als einer nur wünschen konnte. Da sprach er zu dem Mädchen: »Die Pastete kriegst du aber nicht eher, als bis du mir versprichst, dem Löwen, sobald er eingeschlafen ist, den Kopf abzuschlagen mit einem Schwert, das hinter seinem Lager verborgen ist.« – »Nein«, sagte sie, »das tue ich nicht, der Löwe ist doch immer gut gegen mich gewesen.« Da sprach der Frosch: »Wenn du das nicht tust, wirst du nimmermehr deinen Bruder wiedersehen und dem Löwen selber tust du auch kein Leid damit an.« Da fasste sie Mut, nahm die Pastete und brachte sie dem Löwen. »Die sieht ja recht gut aus«, sagte der Löwe, schnupperte daran und fing gleich an reinzubeißen, aß sie auch ganz auf. Wie er nun fertig war, fühlte er eine Müdigkeit und wollte ein wenig schlafen, also sprach er zur Prinzessin: »Komm und setz dich neben mich und kraul mir ein bisschen hinter den Ohren, bis ich eingeschlafen bin.« Da setzt sie sich neben ihn, krault ihn mit der Linken und sucht mit der Rechten nach dem Schwert, welches hinter seinem Bette liegt. Wie er nun eingeschlafen ist, so zieht sie es hervor, drückt die Augen zu und haut mit einem Streich dem Löwen den Kopf ab. Wie sie aber wieder hinblickt, da war der Löwe verschwunden und ihr lieber Bruder stand neben ihr, der küsste sie herzlich und sprach: »Du hast mich erlöst, denn ich war der Löwe und war verwünscht, es so lang zu bleiben, bis eine Mädchenhand aus Liebe zu mir dem Löwen den Kopf abhauen würde.« Darauf gingen sie miteinander in den Garten und wollten dem Frosch danken, wie sie aber ankamen, sahen sie, wie er nach allen Seiten herumhüpfte und kleine Späne suchte und ein Feuer anmachte. Als es nun recht hell brannte, hüpfte er selber hinein und da brennt's noch ein bisschen und dann geht das Feuer aus und steht ein schönes Mädchen da, das war auch verwünscht worden und die Liebste des Prinzen. Da ziehen sie miteinander heim zu dem alten König und der Frau Königin und wird eine große Hochzeit gehalten und wer dabei gewesen, der ist nicht hungrig nach Haus gegangen.

Märchen der Brüder Grimm

Der verfluchte Garten

Es lebte einst ein König, der drei Söhne hatte, von denen der jüngste, der Ludwig hieß, schöner war als die anderen, weshalb ihn auch seine beiden Brüder nicht leiden konnten. Als eines Morgens der älteste Sohn in das Zimmer des kranken Vaters trat, um sich nach dem Befinden desselben zu erkundigen, erzählte ihm dieser: »Mir ist im Traum eine weiße Gestalt erschienen, die sagte, dass ich nicht eher gesund werden könne, bis ich eine Frucht aus dem verfluchten Garten gegessen habe.«

Der Sohn erbot sich, ihm die Frucht zu holen. Doch der Vater fürchtete, dass ihm Übles zustoßen möge und wollte davon nichts wissen. Nach langem Bitten willigte er jedoch ein und gab ihm zu diesem Zweck ein schönes Pferd und sehr viel Geld auf die Reise mit.

Der Sohn war noch nicht weit gereist, als er in einem Gasthaus einkehrte, in dem man gerade Karten spielte. Er gesellte sich zu den Spielern, verspielte jedoch nach und nach fast alles Geld. Als er am nächsten Tag die Reise fortsetzen wollte, riet ihm der Wirt, bis zum Abend noch zu verweilen, um nochmals sein Glück zu versuchen. Doch auch diesen Abend war ihm das Glück nicht hold und er verlor nun alles, so dass er selbst den Wirt nicht bezahlen konnte, der ihn daher in den Kerker werfen ließ. Dort saß er nun, und sein Vater wartete vergebens. Da erbot sich der zweite Königssohn, eine Frucht aus dem verfluchten Garten zu holen. Nach langem Sträuben ließ ihn der König ziehen. Er kam zu demselben Wirt und erlitt dasselbe Schicksal wie sein älterer Bruder.

Da nun auch dieser nicht zurückkam, so war der König höchst betrübt und besorgt um seine beiden Söhne. Als Ludwig, der jüngste Sohn des Königs, dies bemerkte, fragte er den Vater um die Ursache seines Kummers. Dieser erzählte ihm nun seinen Traum und sagte ihm auch den Grund, warum seine beiden älteren Söhne fortgereist seien. Ludwig bat jetzt auch seinen Vater, ihn fortziehen zu lassen, um die Frucht zu holen und zugleich seine Brüder zu suchen. Doch erst nach langem Bitten und nachdem er seinem Vater versprochen hatte, nach einem Jahr wieder zurückzukommen, entließ er ihn, mit viel Gold versehen.

Ludwig kam nicht in das Gasthaus, wo seine Brüder ihr Geld verspielt hatten, sondern verirrte sich und kam in einen großen Wald und erst nach langem Herumirren auf einen freien Platz zu der Hütte eines Einsiedlers. Er ging in die Hütte und bat den Einsiedler, ihm den Weg zum verfluchten Garten zu zeigen. Dieser gab ihm einen roten Ball mit dem Bemerken, dass dieser, wenn er ihn vor sich hinschleudere, ihm den Weg zeigen werde. Und er fügte hinzu: »Während deiner Reise wirst du zuerst zu einem schwarzen Hund kommen, bei dem du drei Nächte schlafen musst. Dann wirst du zu einem roten Hund kommen und dann zu einer weißen Jungfrau. Bevor du den Berg erreichst, an dessen Gipfel der verfluchte Garten sich befindet, wirst du einen Feigenbaum finden, an den du dein Pferd anbindest, sobald du selbst nach elf Uhr mittags den Berg erstiegen hast, um dich dort einiger Früchte zu bemächtigen, musst du trachten, vor der zwölften Stunde den Garten zu verlassen.«

Der Prinz befolgte alles, wie ihm der Einsiedler befohlen. Als er die Früchte von dem Baum des verfluchten Gartens genommen hatte, betrat er auch, da es erst halb zwölf Uhr war, das Schloss, das in der Mitte des Gartens stand. Dort fand er zu seinem Erstaunen die Besitzerin des Schlosses in einem reichverzierten Bett schlafend. Er schrieb auf einen Zettel Namen und Wohnort und legte denselben auf den in der Ecke stehenden Tisch. Darauf entfernte er sich eilends, denn es war schon hohe Zeit.

Schon am Fuß des Berges kamen ihm reißende Tiere nach. Doch er erreichte bald den Feigenbaum und so war er gerettet, da die Tiere von diesem Platz an keine Macht mehr hatten.

Auf seinem Rückweg kam er wieder zur weißen Jungfrau. Diese bat ihn, eine Beere von einer Weintraube in vier Teile zu teilen und jeden solchen Teil in eine Ecke ihrer Wohnung zu werfen.

Kaum hatte er dies getan, so fing es heftig an zu donnern und zu blitzen und an der Stelle der kleinen Wohnung war ein prächtiger Palast. Vor den Toren desselben standen der Besitzer und seine Gemahlin, welche sich für ihre Erlösung bei ihm bedankten. Die Gemahlin war eben die weiße Jungfrau, die hier verzaubert gewesen war.

Darauf reiste Ludwig wieder fort und kam zum roten Hund, bei welchem er es mit einer Birne ebenso machte und welcher dadurch in einen schönen Prinzen verwandelt wurde.

Dasselbe fand auch bei dem schwarzen Hund statt.

Endlich langte er beim Einsiedler an. Hier zerschnitt er auf dessen Befehl eine Kirsche in vier Teile, warf in jede Ecke seiner Hütte einen solchen Teil und nach einem starken Knall stand wieder ein schöner Palast an der Stelle der Hütte. Auch der Einsiedler war nur verzaubert und stand jetzt als König da, umgeben von einer Menge von Soldaten, dankte dem Prinzen für seine Erlösung und gab ihm den Rat mit, sich während der Reise zu seinem Vater kein Galgenfleisch zu kaufen, das heißt, keinen zum Tod Verurteilten durch Geld loszukaufen. Er dankte dem Einsiedler und wanderte fort.

Es traf sich jedoch, dass der Prinz eben an dem Tag in die Stadt kam, wo seine Brüder erhängt werden sollten, und als er erfuhr, dass dieselben darum ihr Leben verlieren sollten, weil sie den Wirt nicht bezahlen konnten, so bezahlte er die Schuld dem Wirt und beide wurden frei. Mit seinen zwei befreiten Brüdern setzte er nun die Reise fort und erzählte ihnen, dass er vom verfluchten Garten eine Frucht geholt habe. Da stieg in ihnen ein böser Gedanke auf, sie beschlossen, sich dieser Frucht zu bemächtigen. Zu diesem Zweck kauften sie eine ähnliche Frucht und vergifteten diese und während der Nacht vertauschten sie dieselbe mit der vom verfluchten Garten. Sie reisten nun weiter und mussten unterwegs, um sich zurechtzufinden, einen hohen Berg ersteigen. Auf dem Gipfel desselben schaute der jüngere Prinz in das Tal hinab. Als der ältere dies sah, gab er ihm einen solchen Stoß, dass er ins Tal hinabstürzte, wo er samt seinem Pferd tot liegenblieb.

So fand ihn der Einsiedler, der auch in diese Gegend gekommen war, um zu jagen. Dieser ahnte sogleich, was vorgefallen war, nahm ein Fläschchen, in welchem sich eine Flüssigkeit befand, setzte sie an des Prinzen Mund und dieser wurde wieder lebendig und dankte ihm für seine Rettung. Ebenso machte er es mit dem Pferd, an welchem sich auch bald dieselbe Wirkung zeigte. Nun entdeckte ihm der Einsiedler, dass seine beiden Brüder ihm die Frucht verwechselt hätten und mit der echten Frucht zu ihrem Vater zurückgekehrt seien. Er riet ihm aber, dennoch zu seinem Vater zurückzukehren. Wenn ihm auch Böses geschehen sollte, so möge er es geduldig ertragen, indem schon eine bessere Zeit für ihn kommen werde.

In seiner Heimat angelangt, wurde der Prinz von allen kalt empfangen, seine Frucht wurde einem Hund vorgeworfen, und als dieser infolge des Genusses der giftigen Frucht verendete, so gab der König einem Diener den Befehl, Ludwig während der am nächsten Tag stattfindenden Jagd zu erschießen. Dieser Diener entdeckte ihm jedoch den Plan des Königs und Ludwig wurde in Sicherheit gebracht.

Damit war aber die Geschichte nicht aus. Denn bald darauf erschien vor den Toren der Residenzstadt des Königs die Besitzerin des verfluchten Gartens, der Ludwig seinen Namen zurückgelassen hatte. Sie war umgeben von einem großen Heer und sandte Boten zum König, um den Prinzen zu sich bitten zu lassen, der die Frucht vom verfluchten Garten geholt habe.

Der König schickte zuerst den ältesten Sohn hinaus und dann den zweiten, doch beide wurden zu ihrem Vater zurückgeschickt, da sie den verfluchten Garten nicht beschreiben konnten.

Die Besitzerin des verfluchten Gartens schickte nun Herolde in die Stadt, welche verkündeten, wenn binnen drei Tagen derjenige Prinz nicht ausgeliefert werde, der die Frucht geholt habe, so sollte die Stadt belagert werden.

Da gab der Diener, welcher den Auftrag gehabt hatte, Ludwig auf der Jagd zu ermorden, zu, dass er ihn habe leben lassen. Darüber war der König sehr erfreut und ließ ihn überall suchen. Sie fanden ihn und brachten ihn zum König.

Als nun Ludwig zur Besitzerin des verfluchten Gartens kam und den Garten genau beschrieb, wurde er mit Jubel von dem ganzen Heer begrüßt, und die Prinzessin erkor ihn zum Gemahl.

Märchen aus Österreich

Die verwünschte Blumenbraut

Eines Tages, vor langer, langer Zeit, rief ein Landherr seine zwei Söhne und sprach zu ihnen:

»Ich habe viel gearbeitet und etwas Geld gespart. Dieses Geld will ich für eure Zukunft anlegen. Ich möchte wissen, welcher Beruf oder welches Studium euch interessiert.«

»Wenn du erlaubst«, sagte der ältere Sohn, »möchte ich meinen Teil des Geldes sofort bekommen. Damit könnte ich mir das Leben schön machen, darüber brauchst du dir dann keine Sorgen zu machen.«

»Ich habe kein Vertrauen zu deiner Vernunft, aber ich erlaube es dir, wenn du es so haben willst«, antwortete der Vater, der dann den jüngeren Sohn fragte: »Möchtest du auch dein Geld sofort bekommen oder hast du etwas anderes vor?«

»Ich bin noch sehr jung und unerfahren, Vater. Ich möchte lieber, dass du mich etwas lernen lässt, denn was ein Mensch kann, ist sein schönstes Vermögen.« So sprach Fernando, der jüngere Sohn.

Der Vater freute sich darüber, dass sein jüngerer Sohn so vernünftig war, und zahlte seine Schule. Als der junge Mann seine Lehrzeit abgeschlossen hatte, machte er eine große Reise, denn er wollte seine Bildung durch die Beobachtung der Welt fortsetzen.

Tomas, der ältere Bruder, dachte, er sei reich. Er wollte nicht mehr arbeiten. Er füllte seinen Sack mit Geld und ging in die Welt hinaus, denn er wollte das Leben genießen. Eines Tages kam er in ein fremdes Land. Da er nicht einmal die Himmelsrichtungen kannte, verlor er seinen Weg und konnte nicht mehr aus einem Wald herauskommen, in den er irrtümlich gegangen war. Es wurde Abend, und Tomas war hungrig und müde. Er konnte sich aber nicht einmal ein Stück Brot kaufen, obwohl er den Sack voll Geld hatte. Er fing an zu bereuen, dass er nichts hatte lernen wollen, und er war so verzweifelt, dass er weinte. Plötzlich sah er ein Lichtlein in der Ferne und ging dorthin. Nach vier Stunden kam er zu einem Schloss, dessen Tür offen war. Tomas rief und klatschte, denn er wollte jemanden darum bitten, dass man ihm ein Stück Brot gäbe und ihn auf einem Bett schlafen ließe. Im Schloss war aber niemand. Nur eine Katze kam zu ihm und streifte an seinen Beinen. Tomas ärgerte sich und trat die Katze, die die Treppe hinunterrollte und nachher halbtot auf dem Boden lag. Der junge Mann suchte weiter, aber er traf niemanden. Endlich kam er zu einem Speisesaal, in dem ein schön gedeckter Tisch stand. Auf dem Tisch gab es allerlei gute Speisen, Wein und ein Besteck. Er nahm an, er sei zum Essen eingeladen, und aß und trank so viel, wie er wollte. Als er aufstand, drehte sich alles um ihn, denn er hatte zu viel getrunken. Es war ihm schwindelig ... und am folgenden Morgen wachte er auf einem weichen und reichen Bett auf. Tomas war erstaunt. Dann klopfte es an der Tür, und er hörte eine schöne Frauenstimme, die ihm sagte, das Essen sei serviert. Er zog sich an und ging schnell in den Speisesaal, denn er hatte inzwischen gemerkt, dass er am Abend seinen Sack vergessen hatte. Da lag der Sack voll Geld, und Tomas freute sich. Plötzlich stand ein wunderschönes Mädchen vor ihm. Tomas war so erstaunt, dass er sich dumm anstellte. Ich will euch nicht damit langweilen, so werde ich euch die Beschreibung des Blödsinns, mit dem er das Mädchen belästigte, ersparen. Ich werde euch nur erzählen, dass beide nach dem Essen in den Garten gingen. Dort fragte das Mädchen: »Was ist deine Lieblingsblume?«

»Ich kenne keine Blume, die ›Liebling‹ heißt«, antwortete er. »Nein«, sagte das Mädchen, »das meine ich nicht. Welche Blume hast du am liebsten?«

»Ach, für mich sind die Blumen auf dem Baum dort die schönsten«, antwortete er und zeigte auf einen Rosenstock.

»Armer Junge!«, sagte das schöne Mädchen sehr leise. Dann sagte sie laut:

> »Du bist ein Esel
> und wirst immer einer sein,
> so wirst du jetzt
> ein Esel aus Stein.«

Und der blöde Tomas verwandelte sich in einen Esel aus Marmorstein, und der Esel hatte sogar seinen Sack auf dem Rücken.

Einige Jahre später kam ein anderer Reisender in den Garten. Der hatte aber seinen Weg nicht verloren und war ein gescheiter und gut erzogener Mensch, der dorthin kam, weil er in seinem Büchlein von einem alten Schloss gelesen hatte. Als er in den Garten hineinkam, sah er das schöne Mädchen, das ihn begrüßte: »Sei willkommen, Unbekannter! Warum kommst du hierher?«

»Ich bitte um Entschuldigung, schöne Dame, wenn ich Euch störe. Ich komme aus Interesse für die schönen Künste, denn ich mache eine Studienreise ...«

»Und du wolltest das Märchenschloss sehen, nicht wahr?«, sagte sie.

Sie unterhielten sich lange. Dann fragte sie ihn: »Hast du Blumen gern?«

»Gibt es denn jemanden, der sie nicht mag?«, sagte der junge Reisende. »Es gibt nichts Schöneres in der Welt!«

»Was ist denn deine Lieblingsblume?«, fragte sie.

Fernando, denn er war der Reisende, sagte: »Wenn ich mich nicht davor fürchtete, Euch zu beleidigen, würde ich sagen, Ihr seid die schönste Blume, die ich jemals gesehen habe.«

»Ach, ich freue mich darüber, dass du es gesagt hast, denn du hast dadurch meine Verzauberung gelöst. Von einer Blume habe ich aber nur den Namen: Ich heiße Rosa und bin eine

Königstochter. Ich will dir alles erzählen.« Das schöne Mädchen erzählte ihm sein Leben. Sie gingen durch den Garten und kamen zu dem Platz, wo der Esel aus Marmorstein stand. Auf dem Esel war der Name Tomas eingemeißelt.

»Merkwürdig«, sagte Fernando. »Das ist der Name meines Bruders!«

»Vielleicht ist das dein Bruder!«, sagte die Prinzessin. Fernando wollte den Esel besser sehen und dabei berührte er seine Schnauze mit einer Rose, die das Mädchen ihm gegeben hatte. Plötzlich stand Tomas wieder dort, denn die Rose war verzaubert, und die Prinzessin hatte sie absichtlich Fernando gegeben. Die beiden Brüder umarmten einander, und dann gingen die drei jungen Leute in das Schloss. Einige Tage später wurde die Hochzeit von Rosa und Fernando gefeiert. Tomas freute sich sehr darüber, aber dann sagte er zu seinem Bruder: »Es ist schön, wenn man etwas gelernt hat und so viel kann, Fernando. Wenn ich nicht zu alt wäre, würde ich noch studieren, aber jetzt ist es zu spät. Du bist ja ein Mann und ich werde für immer der Esel sein.«

Märchen aus Portugal

Das Pfefferkorn

Es war einmal ein alter Mann und eine alte Frau, die hatten keine Kinder, und eines Tages ging die Alte auf das Feld und brach sich einen Korb voll Bohnen, als sie damit fertig war, sah sie in den Korb und sprach: »Ich wollte, dass alle Bohnen zu lauter kleinen Kindern würden.« Kaum hatte sie das gesagt, so sprang eine ganze Schar von kleinen Kindern aus dem Korbe und tanzte um sie herum. Eine solche Familie erschien aber der Alten doch zu groß und sie sprach daher: »Ich wollte, dass ihr wieder zu Bohnen würdet.« Kaum hatte sie das gesagt, so kletterten die Kinder in den Korb zurück und wurden wieder zu Bohnen bis auf ein kleines Knäblein, das die Alte mit sich nach Hause nahm. Das war aber so klein, dass man es nur Klein-Pfefferkorn nannte, doch war es dabei so lieb und herzig, dass alle Welt es gern hatte.

Eines Tages kochte die Alte ihre Suppe, und Klein-Pfefferkorn kletterte an dem Kessel hinauf und blickte hinein, um zu erfahren, was gekocht würde, aber er versah es dabei und fiel in die siedende Brühe und brühte sich darin zu Tode. Erst als Essenszeit war, bemerkten die Alten, dass er fehle, und nun suchten sie überall vergebens nach ihm, um ihn zum Essen zu rufen. Endlich setzten sie sich ohne den Kleinen zu Tisch, als sie aber die Suppe aus dem Kessel in die Schüssel schütteten, da schwamm der Leichnam von Klein-Pfefferkorn darauf.

Da fingen der Alte und die Alte zu jammern an und riefen:

»Lieb Pfefferkorn ist tot,
lieb Pfefferkorn ist tot.«

Als das die Taube hörte, riss sie sich die Federn aus und rief:

»Lieb Pfefferkorn ist tot.
Der Alte und die Alte jammern.
Lieb Pfefferkorn ist tot.«

Als der Apfelbaum sah, dass sich die Taube die Federn ausriss, fragte er sie, warum sie das tue, und als er das erfahren, schüttelte er alle seine Äpfel ab.

Wie nun der Brunnen, welcher neben ihm floss, die Äpfel fallen sah, fragte er den Baum, warum er sich die Äpfel abschüttle und dieser antwortete:

»Lieb Pfefferkorn ist tot.
Der Alte und die Alte jammern.
Die Taube hat sich die Federn ausgerissen.
Lieb Pfefferkorn ist tot.«

Als das der Brunnen hörte, da strömte er vor Schmerz all sein Wasser aus. Als die Magd der Königin zum Brunnen kam, um Wasser zu schöpfen, da fand sie keins und fragte den Brunnen, warum er kein Wasser habe, und dieser antwortete:

»Lieb Pfefferkorn ist tot.
Der Alte und die Alte jammern.
Die Taube hat sich die Federn ausgerissen.
Der Apfelbaum hat sich die Äpfel abgeschüttelt.
Lieb Pfefferkorn ist tot.«

Da ließ die Magd vor Schmerz ihren Krug fallen und als sie die Königin fragte, warum sie den Krug zerbrochen habe, sagte sie:

»Lieb Pfefferkorn ist tot.
Der Alte und die Alte jammern.
Die Taube hat sich die Federn ausgerissen.

Der Apfelbaum hat sich die Äpfel abgeschüttelt.
Der Brunnen hat all sein Wasser ausgegossen.
Lieb Pfefferkorn ist tot.«

Da schlug sich die Königin vor Schmerz so stark mit dem Arm
auf die Brust, dass dieser davon entzwei brach, und als der König das erfuhr und sie fragte, wie es zugegangen sei, sprach sie:

»Lieb Pfefferkorn ist tot.
Der Alte und die Alte jammern.
Die Taube hat sich die Federn ausgerissen.
Der Apfelbaum hat sich die Äpfel abgeschüttelt.
Der Brunnen hat all sein Wasser ausgegossen.
Die Magd hat ihren Krug zerbrochen.
Lieb Pfefferkorn ist tot.«

Als das der König hörte, ward er so betrübt, dass er seine Krone
vom Haupte riss und sie auf die Erde warf, dass sie in tausend
Stücke zersprang und als sein Volk ihn fragte, warum er das
getan, rief er:

»Lieb Pfefferkorn ist tot.
Der Alte und die Alte jammern.
Die Taube hat sich die Federn ausgerissen.
Der Apfelbaum hat sich alle Äpfel abgeschüttelt.
Der Brunnen hat all sein Wasser vergossen.
Die Magd hat ihren Krug zerbrochen.
Die Königin hat ihren Arm gebrochen.
Und ich König habe meine Krone verloren.
Lieb Pfefferkorn ist tot.«

Griechisches Märchen

Fiorindo und Chiara Stella.

Ein König ging einmal auf die Jagd, und wie er so herumstreifte, begegnete er einem Bauern, der bei Nacht in einem Walde die Sterne beobachtete. »Was tut Ihr hier?«, fragte der König. – »Ich beobachte die Sterne.« – »Zu welchem Zweck? Ihr versteht das nicht.« – »Ich verstehe es wohl. Ich machte die Beobachtung, weil meine Frau niederkommen und mir einen Knaben schenken wird und die Sterne verkünden, er wird König von Spanien werden.« – Bei diesem Wort wurde der König ganz bestürzt, da er selbst der König von Spanien war und keine männlichen Leibeserben hatte. Er schwieg aber davon und sagte nur zu dem Bauern: »Ich will der Pate des Kindes sein, wenn Ihr's zufrieden seid. Euer Schaden soll's nicht sein.« – »Oh, nach Ihrem Belieben, wenn Sie sich damit bemühen wollen! Kommen Sie nur mit mir in mein Haus.«

Sie treten also beide in das Haus des Bauern, dessen Frau eben einen schönen Knaben geboren hatte, und alle kommen herzu, um ihn für die Taufe herzurichten. Und nachdem alles getan, wie es in solchen Fällen der Brauch ist, sagte der König: »Dies Kind will ich mitnehmen. Ihr müsst es mir geben, denn wenn es König sein soll, muss es eine Erziehung bekommen, wozu Ihr nicht die Mittel habt. Ich selbst habe keine Kinder, dafür will ich diesen als meinen legitimen Sohn ansehen.« – Man weiß, die Männer schweigen und die Weiber reden desto mehr. Der Bauer blieb stumm und machte keine Einwände, sein Weib aber klagte, dass man ihr das neugeborene Kindchen nehmen wolle. Doch nach einer Weile Hin- und Widerredens ergab sie sich und der König, nachdem er den Eltern ein reiches Trinkgeld gegeben hatte, nahm das Kindchen, das frisch gewickelt war, und ging weg mit seinem Diener, der ihn hierher begleitet hatte.

Als sie in einem dichten Walde waren, der nahe am Meere lag, sagte der König zu dem Diener: »Nimm dies Messer und töte damit den Knaben und wirf ihn ins Meer. Ich erwarte dich in der Schenke und will, dass du mir die Leber des Kindes bringst, damit ich sie esse.« – Der Diener blieb im Walde, und nachdem der König sich entfernt hatte, sprach er bei sich selbst: »Das sind schöne Geschichten! Andern die Kinder stehlen, um sie dann zu töten! Und doch muss ich gehorchen und es tun, denn bring' ich ihm die Leber nicht, so kostet es meinen Kopf!« – Er hob das Messer und gab dem kleinen Geschöpf einen Stich in den Hals. Doch während er zustach, erschien ihm zu Füßen ein Lamm und sofort beschloss er, diesem die Leber auszuschneiden und den Kleinen mit seiner Wunde der Güte Gottes zu überlassen, und so tat er. Als der König aber die Leber des Lammes, die er für die des Knaben hielt, verschlungen hatte, rief er: »Du wirst deinen Hintern nicht auf meinen Thron hinpflanzen!«

Lassen wir aber den König heiter und froh über das begangene Verbrechen nach Hause gehen, – was im Himmel geschrieben steht, ändert niemand und jeder erfährt das Geschick, das ihm gegeben ist. Kehren wir zu dem unglücklichen kleinen Geschöpf zurück, das mit der Wunde am Hals im Walde in einem Korb von Strauchwerk liegt. Die Wunde war indessen nicht tödlich, da sie später heilte und nur eine Narbe zurückließ, die man unter den Fingern fühlen konnte. Am nächsten Tage bei Sonnenaufgang streifte ein Herr aus dieser Gegend auf der Jagd mit seinen Hunden hier herum und als die Hunde zu dem Strauchkorb kamen, in dem das Kindlein verborgen war, schlugen sie ein Gewinsel an, als sollte die Welt untergehen. Der Herr lief sogleich hin, weil er glaubte, der Hase liege da in seinem Lager. Als er das kleine Wesen sah, das vor Hunger wimmerte, rief er: »Gott hat mich begnadet! Ich habe ja keine Kinder und auch meine Frau wird gerne dieses als ein eigenes annehmen!« – Er nimmt es behutsam auf und trägt es nach Hause, wo es große Freude erregte. Diese beiden guten Personen erzogen es wie ein eigenes Kind, ließen es, da es groß geworden war, von geschickten Lehrern im Lesen und Schreiben unterrichten und gaben ihm den Namen Fiorindo. Fiorindo aber wuchs zusehends, wurde stark und tüchtig, dass es nur zu verwundern war und als er dreizehn Jahre alt war, trieb er Possen mit den anderen Jungen der Nachbarschaft.

Einmal, als sie Nüsse werfen spielten, verlor er acht Kreuzer und da er sie nicht in der Tasche hatte, sagte er: »Ich werde euch morgen bezahlen.« – »Nein, es muss gleich sein!« – »Aber ich habe sie nicht bei mir. Lasst mich nach Hause gehen, Vater und Mutter darum bitten. Sie sind reich, wisst ihr und morgen bringe ich es euch.« – »Vater und Mutter?«, erwiderten sie spottend. »Armer Tor! Es sind ja nicht dein Vater und deine Mutter, diese Herrschaften, die dich in ihr Haus aufgenommen haben.« – »Wieso?« – »Nun, gewiss. Sie fanden dich in einem Walde, dort ausgesetzt, mit einer Wunde im Halse. Wenn du dich befühlst, findest du noch die Narbe.«

Diese Reden machten Fiorindo ganz bestürzt. Er lief nach Hause und wollte wissen, was daran sei, und bat solange, bis sie ihm die Wahrheit gestanden. »Dann«, rief er, »wenn ich nicht euer Sohn bin, will ich fortgehen. Ich danke euch für alles Gute, was ihr an mir getan habt, aber ich bin hier nur ein Bastard und will nicht bleiben.« – »Aber höre doch! Für uns bist du unser Sohn. Man wird dir geben, was du nur willst, aber lass uns nicht allein und in Verzweiflung!« – Er aber blieb fest auf seinem Vorsatz und bestand darauf, dass sie ihn in den Wald zurückbegleiten sollten, wo er gefunden worden war, und es war unmöglich, ihn davon abzubringen.

Erst dort im Walde bedachte er, wohin er gehen sollte, und überließ sich dann dem Zufall. Es war schon hoch am Tage, Hunger und Müdigkeit befielen ihn. So blieb er am Gitter eines Gartens stehen, hinter dem er den Gärtner die Pflanzen und Blumen begießen sah. Als der sich umblickte, sah er Fiorindo und fragte: »Wer bist du? Was willst du?« – »Ich bin ein armer Junge ohne Vater und Mutter, bin todmüde und hungrig. Möchtet Ihr mich wohl annehmen, Euch im Garten zu helfen? Ich würde mich mit dem Essen begnügen.« – Dem Gärtner hatte der Jüngling sehr gefallen, schon nach dem bloßen Ansehen, so dass er sagte: »Komm nur! Am Essen ist hier kein Mangel. Der Garten gehört dem König von Spanien und ich stehe in seinem Dienst.«

Während nun Fiorindo bei dem Gärtner wohnte, ging der König oft im Garten spazieren und da er ihm begegnete, fand er Gefallen an ihm, so dass er eines Tages zu ihm sagte: »Fiorindo, du sollst zu mir kommen als mein Kammerdiener.« – Fiorindo konnte es kaum glauben. Er wohnte nun aber im königlichen Palast, kleidete den König an und war immer um seine Person.

Nun muss man wissen, dass dieser König zwar keine Söhne hatte, aber eine Tochter von dreizehn Jahren, die Chiara Stella hieß, eine Schönheit, die man nicht beschreiben kann, manierlich und zierlich, mit einem Gesicht wie die Sonne und immer lustig. Ihr versteht schon, was da geschah. Junge Menschen verlieben sich leicht beim bloßen Sehen, zumal wenn sie sich miteinander verständigen können. Fiorindo band täglich einen Strauß aus etwas Geranium, etwas Diptam, Rosen, Veilchen und Stiefmütterchen und wenn Chiara Stella in den Garten ging mit ihrer Kammerfrau, gab er ihn ihr. Gespräche führten sie nicht, aber mit den Augen sprachen sie besser, als mit dem Munde. Kurz, sie verliebten sich ineinander und alle hatten es bemerkt außer dem König.

Nun sind Väter und Ehemänner immer blind. Doch an den Höfen gibt es eine Menge Neider und alle anderen Diener beneideten Fiorindo wütend, weil der König ihn immer um sich hatte und ihm alles Anvertraute. Sie fingen also an, ihm nachzuspüren und hinterbrachten dem König, er habe ein Liebesverhältnis mit seiner Tochter. »Wie?«, antwortete jener dumme König. »Ich kann nicht glauben, dass meine Tochter so verworfen sei, sich in eine Liebschaft mit einem Kammerdiener einzulassen.« – Aber die Neider passten so auf sie auf, dass sie sich eines Tages überraschen ließ in einsamem Geplauder mit Fiorindo. Als der König dies sah, dachte er, der entrüstet war, dass man ihn in seinem Vertrauen betrogen hatte, an eine Strafe. Er befahl, Chiara Stella aus dem Palast zu entfernen und sie zu seinem Bruder zu bringen, der König von Portugal war. Dem schrieb er, er möge sie gut bewachen. Ja, haltet Verliebte auch in einem unterirdischen Kerker gefangen, sie finden doch Mittel und Wege, einander Nachricht zu geben. Sie fingen also an, sich zu schreiben. Aber einer dieser Briefe fiel einem Diener in die Hände, der ihn dem König brachte. »Dieser Brief ist von Chiara Stella«, rief der König und geriet in solche Wut, dass die Liebe zu Fiorindo sich in Hass verwandelte. Er lässt ihn rufen und gibt ihm einen versiegelten Brief an den König von Portugal, in welchem stand, der Überbringer solle binnen einer Woche gehenkt werden. Nun seht, wie gut es das Schicksal mit Liebenden meint. Fiorindo kommt in die Stadt des Königs von Portugal und begegnet Chiara Stella, die mit ihrer Hüterin gerade in einem Kreuzgange spazieren ging. Als sie sich erblickten, – welches Glück! welcher Jubel! – gab ihr Fiorindo den Brief ihres Vaters, aber Chiara Stella hatte Verdacht, öffnete ihn und las darin das saubere Schurkenstückchen. Ihr könnt denken, wie es sie schmerzte. Doch verlor sie darum nicht ihren Verstand. Sie hatte eine Schrift wie ihr Vater, zerriss den hässlichen Brief und schrieb einen andern, darin stand: Ich wünsche Chiara Stella mit einem trefflichen Ritter zu vermählen. Lasst binnen einer Woche in einem Turnier um sie kämpfen und wer Sieger bleibt, soll sie erhalten.

Kaum hatte der König von Portugal diesen falschen Brief erhalten, so schrieb er das Turnier in seinem ganzen Reiche aus, Fürsten, Barone und berühmte Ritter strömten herbei. Chiara Stella bewirkte, dass auch Fiorindo sich zu dem Turnier meldete. Doch bei dem ersten und zweiten Ritt wollte man ihn nicht, weil er kein Ritter war, so dass erst Chiara Stella mit einem ihrer Kleinode, da sie eine Königstochter und Thronerbin war, ihn zum Ritter ernennen und auch ins Turnier schicken musste. Dort betrug er sich so rühmlich, dass er alle besiegte und man ihm Chiara Stella vermählen musste. Bei der Hochzeit aber erschien ein Kurier mit einem schwarzgesiegelten Brief, in dem stand, dass der König von Spanien gestorben sei und Chiara Stella regieren sollte. Das war ein schönes Zusammentreffen! So geschieht es, dass, was »oben« geschrieben steht, nicht geändert werden kann und die Sterne sprachen die Wahrheit, denn Fiorindo wurde König von Spanien.

Märchen aus Italien

Der Kräuterdieb

In einer Stadt lebte einmal ein Kaufmann. Und er hatte drei Söhne. Der älteste hieß Peter, der zweite hieß Paul und der dritte und jüngste Johannes. Johannes aber wurde allgemein für einen Dummling gehalten. Nun hatte der Vater einen Garten und in dem Garten hegte er ein Kräuterbeet. Denn er wusste, wie wichtig es in den zwölf heiligen Nächten war, bestimmte Kräuter zu essen. Eines Morgens, als der Vater in den Garten kam, war ein Stück von den Kräutern abgegrast. Der Vater wurde sehr zornig und dann befahl er seinem ältesten Sohn Peter, in der Nacht Wache zu halten. Peter nahm starke Stricke und ein paar scharf geschliffene Säbel mit in den Garten. Doch als es zehn Uhr schlug, war der Peter tief eingeschlafen und am Morgen war ein weiteres Stück von den Kräutern abgegrast.

Wieder wurde der Vater zornig, dann befahl er seinem zweiten Sohn Paul, Wache zu halten. Paul nahm nicht nur starke Stricke und scharf geschliffene Säbel mit, er nahm auch noch ein paar scharf geladene Pistolen mit in den Garten. Doch als es elf Uhr schlug, war auch der Paul tief eingeschlafen und am Morgen war ein weiteres Stück von den Kräutern abgegrast.

Jetzt aber geriet der Vater in einen großen Zorn und er rief: »Wenn heute Johannes, der Dummling, die Wache hält, da brauche ich von den Kräutern wohl überhaupt nichts mehr zu ernten.« Johannes aber nahm nur einen leichten Strick mit in den Garten, außerdem aber Dornen und Disteln, die er im Schoß hielt. Und so oft er müde wurde, fiel sein Kopf auf die Dornen und Disteln und er wurde gleich wieder wach. Als es Mitternacht schlug, ertönte plötzlich ein Klingen, als ob hundert silberne Glocken läuten würden. Und in den Garten herein kam ein kleines, silberweißes Pferd gesprungen und fing bei den Kräutern an zu grasen. Da fing Johannes das Pferd mit seinem leichten Strick, es folgte ihm ganz gutwillig in den Stall, dann legte sich Johannes zu Bett und schlief.

Am Morgen kam der Vater, und die Brüder verspotteten ihn, wir haben die ganze Nacht im Garten Wache gehalten, du musstest dich noch bei Nacht zu Bette legen, da kannst du ja den Dieb nicht fangen. Aber der Johannes sagte: »Kommt mit mir«, und zeigte das silberweiße Pferdchen und der Vater schenkte dem Johannes das Pferdchen und der gab ihm den Namen Kräuterdieb.

Nun ging zu dieser Zeit eine Kunde über das Land, dass oben auf der Spitze des Diamantberges eine verwünschte Prinzessin wohne und die warte auf ihre Erlösung. Ihr Erlöser müsste bis zur Bergesspitze reiten, er müsse dort dreimal das Schloss der Prinzessin umreiten und dann sei diese erlöst. Nun waren viele Prinzen und andere junge Männer gekommen, um die Spitze zu erreiten, und jeder war ausgeglitten und in die Tiefe gestürzt. Als nun der Tag gekommen war, sattelten sich auch die drei Brüder ihre Pferde. Der Peter und der Paul ließen sich starke Pferde beschlagen und legten sich glänzende Rüstungen an. Der Johannes aber sattelte sich seinen kleinen Kräuterdieb und bekleidete sich mit einem Wollkittel. Als sie zum Diamantberg gekommen waren, gab zuerst der Peter seinem Pferd die Sporen. Aber das starke Pferd des Peter kam nur bis zum ersten Drittel, dann glitt es ab, stürzte mit ihm in die Tiefe und der Peter vergaß das Wiederaufstehen. Da gab der Paul seinem Pferd die Sporen. Sein Pferd kam bis zum zweiten Drittel. Aber auch sein Pferd glitt ab, stürzte mit ihm in die Tiefe und auch der Paul vergaß das Wiederaufstehen. Da gab Johannes dem Kräuterdieb ganz leicht die Sporen. Und der Kräuterdieb ritt in einem Zug bis zur Bergesspitze. Und dort ritt er klipp, klipp, klipp, klapp die drei Runden. Es war, als ob der Kräuterdieb diesen Weg schon hundertmal geritten wäre. Da öffnete sich die Tür des Schlosses und eine Prinzessin, schön wie der helle Tag, stand darin. Und sprach zum Kräuterdieb: »Weshalb bist du denn von mir hinweggeritten, so dass ich nicht einmal eine Stunde um Mitternacht zur Erde reiten konnte?« Da merkte Johannes, dass der kleine Kräuterdieb das Zauberpferd der Prinzessin war. Dem Johannes aber reichte sie die Hand und nahm ihn zum Manne und er lebte glücklich und zufrieden an ihrer Seite.

Der Peter und der Paul sind später wieder zu sich gekommen, den Johannes aber sahen sie nie wieder. Der lebt auf der Spitze des Diamantberges bei der Prinzessin. Aber immer in den Vollmondnächten reitet die Prinzessin mit dem Johannes zur Erde nieder und wer die richtigen Augen hat, der sieht sie.

Märchen vom Bodensee

Das Basilikummädchen

Es waren einmal ein Mann und eine Frau, die hatten keine Kinder. Die Frau betete zu Gott und sagte: »Lieber Gott, gib mir ein Kind und wenn es auch nur ein Basilikumtopf ist.« Gott erhörte sie und gab ihr einen Topf mit einem Basilikum.

Wie die Jahre vergingen, wuchs der Topf mit dem Basilikum: Der Topf wurde groß wie ein Kübel und das Basilikum wie ein Weinstock.

Den Topf hatte die Frau am Fenster. Eines Tages ging der Königssohn vorbei und so wie er ihn sah, gefiel er ihm. Er pochte an die Tür, die Frau öffnete ihm und er ging hinauf. »Gibst du mir wohl diesen Basilikumtopf?«, sagte er zur Frau, »ich will dir so viel Dukaten geben, wie du verlangst.«

Da überlegte die Frau, dass sie arm war und willigte ein. Sie verlangte hunderttausend Golddukaten. Der Königssohn ging ins Schloss, schickte ihr die hunderttausend und bekam den Basilikumtopf. Er nahm ihn mit sich und setzte ihn in seinem Gemach vors Fenster und begoss ihn früh und spät.

Der Königssohn war gewohnt, immer mittags und abends in seinem Gemach zu essen. Also brachten sie ihm auch an dem Abend, als er das Basilikum bekommen hatte, die Mahlzeit, er aß und sie trugen die Reste nicht fort, wie sonst immer.

Eine ganze Weile saß der Königssohn und freute sich an seinem Topf und dann legte er sich nieder zum Schlafen. Ihm zu Haupte brannte eine Kerze und zu seinen Füßen eine Öllampe.

Als er nun eingeschlafen war, stieg aus dem Basilikum ein Mädchen, deren Schönheit auf der Welt nicht ihresgleichen fand, und nachdem sie tüchtig gegessen hatte, nahm sie die Kerze, setzte sie zu seinen Füßen hin und die Öllampe setzte sie ihm ans Kopfende.

Als der Königssohn am Morgen aufwachte, sah er die Speisen aufgegessen, die Öllampe am Kopfende und die Kerze zu seinen Füßen. Er wunderte sich, denn die Tür war verriegelt. Am nächsten Abend wieder dasselbe. Da passte der Königssohn auf und am dritten Abend schlief er nicht ein, als das Mädchen aus dem Basilikum stieg, ließ er sie zuerst essen und dann, als sie sich anschickte, die Kerze vom Kopfende zu nehmen, ergriff er sie bei der Hand und sagte zu ihr: »Warum, mein Licht, lässt du dich nicht sehen, sondern hältst dich verborgen?«

»Jetzt hast du mich ertappt«, sagt sie, »aber zeige mich niemandem.« – »Gut, ich zeige dich niemandem«, antwortete der Königssohn. Und er befahl den Mägden, dass sie ihm reichlicher zu essen brächten.

Es vergingen einige Monate, da musste der Königssohn zusammen mit seinem Vater in den Krieg ziehen. Da trug er seiner Mutter auf, abends und morgens das Basilikum zu begießen und immer die Mägde mit den Speisen in sein Gemach zu schicken und keinen Fremden hinein zu lassen. Nur sie sollte den Schlüssel haben, sie sollte zuschließen und aufschließen und zu dem Mädchen sagte er: »Ich muss in den Krieg ziehen. Deine Mahlzeit wird man dir immer bringen und das Basilikum wird meine Mutter begießen. Du riegele dich ein, wenn du schlafen gehst, bis ich aus dem Krieg komme. Und ängstige dich nicht, ich werde nicht lange fortbleiben, ich bin bald wieder hier.«

So zog der Königssohn fort und die Königin schloss auf und die Dienerin brachte das Mahl und dann schloss die Königin wieder gut zu, früh und spät kam die Mutter selbst und begoss das Basilikum.

Dieser Königssohn war verlobt mit einer Wesirstochter. Seitdem nun das Mädchen aus dem Basilikum erschienen war, hatte er seine Verlobte vernachlässigt und besuchte sie überhaupt nicht mehr und die Wesirstochter wunderte sich, warum. Man forderte den Königssohn auf, doch zu heiraten, aber er meinte, es wäre noch nicht der richtige Zeitpunkt, und dann zog er zu Felde. In seiner Abwesenheit ging die Wesirsfrau mit ihrer Tochter in das königliche Schloss, um der Schwiegermutter, der Königin, Gesellschaft zu leisten. Nachdem sie eine Zeitlang zusammengesessen hatten, erhoben sie sich und gingen durch das Schloss. Die Wesirstochter bat ihre Schwiegermutter, das Gemach ihres Verlobten zu öffnen, sie möchte es gern sehen.

»Ach, liebes Mädchen«, sagte die Königin, »dein Verlobter hat streng befohlen, dass niemand sein Gemach betreten soll.« – »Nun, mir zuliebe wirst du es doch öffnen«, sagte die Wesirstochter. Um ihr den Wunsch nicht abzuschlagen, schloss die Königin auf, und die Wesirstochter trat hinein und die beiden Schwiegermütter blieben draußen. Das Mädchen aus dem Basilikum saß zu dieser Stunde am Fenster und kämmte sich und die Haare, die sie herauszog, warf sie ins Meer und sie wurden zu goldenen Fischen. Denn unter dem Fenster des Gemaches war das Meer. Als die Wesirstochter sie sah, dachte sie: »Ha, mein Verlobter hat ein Mädchen in seinem Zimmer und ich weiß es nicht!« Und sie gibt ihr einen Stoß und wirft sie aus dem Fenster ins Meer, damit sie ertrinkt. In diesem Augenblick ging der Sonnenball unter, er nahm das Mädchen in seine Strahlen und brachte sie zu seiner Mutter.

Die Wesirstochter trat aus dem Gemach und die Königin schloss wieder zu. Später wollte sie das Basilikum begießen. Da sah sie, dass es welk war und sie wunderte sich, warum es wohl vertrocknet war. Am Abend schloss sie auf und ließ die Dienerin die Mahlzeit bringen. Am Morgen ging sie wieder hin und fand das Basilikum vertrocknet und die Speisen unberührt. Und die Königin grämte sich, weil die Speisen unberührt und das Basilikum trocken und welk war. Nachdem zwei, drei Monate vergangen waren, kamen der König und der Königssohn aus dem Krieg. Der Königssohn nimmt den

Schlüssel aus den Händen seiner Mutter und geht geradenwegs in sein Gemach. Er öffnet und was muss er sehen! Das Basilikum trocken und verwelkt! Er fängt an zu weinen und ruft seine Mutter: »Mutter, warum hast du das Basilikum nicht begossen, sondern hast es vertrocknen lassen?« – »Ich habe es begossen und ich weiß nicht, warum es vertrocknet ist.«

»Dann wird ein Fremder in mein Gemach gekommen sein. Sage mir, wer es war!« – »Ja, eines Tages kam deine Schwiegermutter mit deiner Verlobten, um mir Gesellschaft zu leisten, und sie bat mich, dein Gemach zu öffnen, sie möchte es sehen. Und um sie nicht zu verletzen, habe ich es aufgeschlossen und sie ist drin umgegangen.« – »O weh! Sie hat das Basilikum verdorren lassen. Warum hast du ihr geöffnet!« Vor lauter Traurigkeit fiel der Königssohn in eine schwere Krankheit. Die Wesirstochter wollte ihn besuchen, aber er wies sie ab.

Das Mädchen aus dem Basilikum fragte jeden Abend die Sonne: »Was macht der Königssohn? Ist er aus dem Krieg zurückgekommen?« Und die Sonne antwortete jedes Mal: »Noch nicht.«

Eines Abends aber antwortete die Sonne: »Der Königssohn ist zurückgekehrt und ist krank. Sein Vater hat die besten Ärzte gerufen, aber sie können die Krankheit nicht erkennen. Immer sind seine Augen auf das Basilikum gerichtet, und er ist in Gefahr zu sterben.« – »Ich bitte dich sehr«, sagte das Mädchen, »nimm mich in deine Strahlen, wenn du morgen früh aufgehst und die Welt erhellst und setze mich nieder auf das Basilikum. Ich bitte dich sehr.« – »Ich will es tun«, sagte der Sonnenball.

Und am Morgen nahm er sie in seine Strahlen und setzte sie auf das Basilikum, und sofort wurde das Basilikum grün und erholte sich. Kaum sah der Königssohn, dass es grün wurde, da ließ ihn die Krankheit und er schickte alle aus seinem Zimmer und sie meinten, er wäre wahnsinnig geworden.

Am Abend verlangte er, dass sie ihm den Tisch mit den Speisen brächten, er riegelte ab und das Mädchen entstieg dem

Basilikum. Da fragte er sie, wie es geschehen konnte, dass sie verschwunden war und auf welche Weise sie wieder zurückgekommen sei. Und das Mädchen erzählte: »Eines Tages, als ich am Fenster saß und meine Haare kämmte, öffnete sich die Tür, ein Mädchen trat herein und gab mir einen Stoß, dass ich ins Meer fiel. In dem Augenblick ging der Sonnenball unter, er fing mich in seinen Strahlen auf und brachte mich zu seiner Mutter. Und jeden Abend fragte ich ihn, wie es dir geht. Und als er mir sagte, dass du schwer krank seist, bat ich ihn und er brachte mich hierher.«

Und der Königssohn sagte: »Die dich hinuntergestoßen hat, ist die Wesirstochter, meine Verlobte, und das, was sie dir tun wollte, das werden wir ihr antun, damit sie zur Einsicht kommt.«

Am nächsten Tag also sagte er zu seiner Mutter, sie sollten die Hochzeit rüsten, er wolle sich mit der Wesirstochter verheiraten. Sie schickten auch dem Wesir Botschaft, auch er traf seine Vorbereitungen und am Abend, als sie die Braut brachten, damit sie ihre Fingernägel rot anmalten, führte der Königssohn sie in sein Zimmer und warf sie aus dem Fenster ins Meer, da konnten die Fische sie fressen.

Dann trat das Basilikummädchen heraus und alle meinten, es wäre die Wesirstochter und färbten ihr die Hände rot, am Sonntag war die Hochzeit und man gab sie zusammen. Und ich war auch dabei und bin dort herumspaziert.

Griechisches Volksmärchen

Die Blumen von Lagorài

>»Der Charakter der Gegend in diesem Süd-
teil von Fleims ist ein melancholischer, von
unermesslichen Waldungen umdüstert, aus
welchen nackte Felsgestalten in scharfkan-
tigen Linien aufragen.« (Beda Weber, 1849)*

Wenn man aus dem Etschtal oberhalb Montan zu dem
Jochsattel hinaufsteigt, auf dem das alte Kirchlein des
heiligen Lucanus steht, so sieht man jenseits der Aguàier Senke
eine Reihe hoher, finsterer Berge aufragen, mit weiten Wäldern
und schroffen, felsigen Gipfeln. Dieses gewaltige Gebirge, das
sich meilenweit, von Gembra bis zum Rollepass, erstreckt, ist
die Kette von Lagorài. Sie bildet eine einzige Wildnis, ohne
ein Dorf, ohne einen Weiler, ja ohne irgendein Haus. Da kann
man tagelang in den Wäldern herumirren und sieht nur ab und
zu durch das Baumgezweige die großen Umrisse der dunklen,
pyramidenförmigen Gipfel.

In dem mittleren Teile dieses weitläufigen Gebirges liegen
verschiedene kleine Seen, der ansehnlichste von ihnen heißt
schlechthin »der See Lagorài«. Nur wenige Leute kennen die
Pfade zu diesem vergessenen, einsamen See. Man weiß von
ihm noch, dass er in der Heidenzeit für heilig galt. Auch erzählt die Sage, es habe hart an diesem See ein altersgraues
Schloss gestanden. Aber niemand weiß den Platz zu zeigen,
auch Mauerreste sind nicht nachweisbar.

Eine andere Sage berichtet von einem Schlosse Naradòl,
auch dieses Schloss ist verschwunden, aber seinen Namen
führt eine Örtlichkeit im untersten Fleimstale, am Fuße des
Lagoràigebirges. Denn dieses große Gebirge hat viele Aus-

läufer und Vorgipfel, Stufen und Schluchten. Bemerkenswert ist ein längeres Tal, das aus den südlichen Lagoràibergen herabzieht und den Namen »Val Floriàna«, d. h. Tal der Blumen, führt. In der ganzen Berggegend Lagoraì, besonders aber in der Val Floriàna, soll es nämlich vor Zeiten Blumen in solcher Menge gegeben haben, dass sie weithin die Wiesen und den Waldboden bedeckten. Und als merkwürdig an diesen Blumen wird berichtet, dass sie alle blau waren. Sie wuchsen auch nicht aus dem Boden, sondern wurden von den Raben durch die Lüfte dahergebracht und in das Moos eingepflanzt. Es waren aber keine gewöhnlichen Blumen, sondern die Seelen von gefallenen Kriegern. Und die Raben brachten sie von den fernsten Schlachtfeldern hinauf nach Lagoraì. Wer nun solch einer Blume an sieben Tagen hintereinander Wasser brachte und sie begoss, der konnte den Gefallenen sehen und mit ihm sprechen.

Es wohnte aber auf dem Schloss über dem Lagoràisee ein Edelfräulein namens Dina, dessen Bräutigam in den Krieg gezogen war. Seitdem hatte niemand mehr die leiseste Kunde von ihm gebracht. Darum glaubte Dina, dass er irgendwo im Schlachtgetümmel den Heldentod gefunden habe. Und um ihn noch einmal sehen und sprechen zu können, ging Dina Tag für Tag in den Bergen herum, holte Wasser aus dem Lagoràisee und begoss damit die blauen Blumen zu Hunderten und zu Tausenden. Aber nie kam sie zu der richtigen, obwohl die Raben unzählige daherbrachten und besonders die Val Floriàna schon ganz blau von ihnen war.

Als Dina eines Nachmittags in der obersten Val Floriàna weilte, dort, wo über dem Wiesenplan des Talschlusses die hohen Pale de la Buse stehen, da ging vor ihr, in einen grünen Mantel gehüllt, ein fremdes Weib. Dina beachtete die Fremde nicht und war unablässig damit beschäftigt, die blauen Blumen zu begießen. Die Sonne sank, Schatten bedeckten den Wiesenplan, nur oben auf den hohen Pale brannte noch glanzvoll abendlicher Lichtschein. Da kehrte die Fremde plötzlich um, ging mit vorgehaltener Hand auf Dina zu und sprach: »Dina de Lagorài! Höre meine Worte! Umsonst ist deine Liebe und vergeblich ist dein Treuesinn. Der von dir Totgeglaubte lebt, aber er ist dir untreu geworden und hat in fernen Landen eine andere gefreit.«

> *»Ein Nadelwald am Bergeshange*
> *und mittendurch ein schmaler Weg*
> *und Ruhe rings, als ob schon lange*
> *ein Märchen hier begraben läg'.«*
> *(Hermann Mumelter)*

Wo die Ausläufer der Lagoràiberge die Sohle des Fleimstales berühren, erstreckt sich über Schluchten und Hügelwellen fort ein hochstämmiger Wald mit dem seltsamen Namen »Treselùm«. Eines Abends ging Dina den Saum dieses Waldes entlang und schaute über die Wes hinüber zum Nordgehänge des Tales mit seinen Flurgefilden und Siedlungen und seinen hohen, sonnbeglänzten Bergen. Es war ein herrlicher Abend und nur das Brausen der Talgewässer wehte durch die Stille. Als Dina zu der Ecke kam, die sich schroff über dem Moienbach erhebt, vernahm sie aus dem Waldesdunkel das klägliche Rufen eines Kindes. Dina drang in das Dickicht ein und fand ein Knäblein von etwa drei Jahren, das sich verlaufen hatte und in dem dämmernden Walde große Angst empfand. Aber vor Dina – obwohl sie ihm ganz fremd war – fürchtete es sich gar nicht, es streckte ihr sogar die Hände entgegen und war gleich beruhigt, als ihm Dina zusprach. Dina setzte sich auf einen umgestürzten Baumstamm und nahm das Büblein auf den Schoß. Noch niemals hatte sie ein Kind so aus der Nähe betrachtet oder in den Armen gehalten. Ein wundersames Gefühl von Zärtlichkeit drang ihr in die Seele. Und da war das todmüde Kind, das sich wohl stundenlang durch den Wald geschleppt hatte, in ihren Armen eingeschlafen. Wie lieb doch so ein Kindchen ist, dachte Dina. Und sie erinnerte sich, einmal aus der Ferne einer Hirtenfrau zugeschaut zu haben, wie sie ihr Kind aufhob und streichelte und an sich drückte, damals hatte Dina das nicht verstehen können, nun aber begriff sie es plötzlich. Sonderbar wehmütig und doch wieder freudevoll war ihr zumute. Tiefe Nacht umgab den weiten Wald Treselùm, als das Kind erwachte. Allein es ängstigte sich nicht mehr, denn Dina, die Waldeskundige, wusste es zu trösten. Und sie führte es auf sicheren Pfaden hinauf zu ihrem Schloss an dem See Lagorài.

Am anderen Morgen dachte Dina daran, dass sie das Kind nach Hause bringen müsse, das Kind wusste aber gar nicht, wohin es gehörte, es wollte auch gar nicht zurück und wäre am liebsten bei Dina geblieben. Dina jedoch ging mit ihm wieder in den Wald Treselùm, denn sie vermutete, der Kleine werde in das Schloss Naradòl gehören, das auf hoher Hügelecke einsam in dem Walde stand. Und so war es auch: Als der Kleine das Schloss erblickte, erkannte er es, Dina aber schickte ihn hinein und zog sich in den Wald zurück. Es war ihr jedoch leid um das Kind und eine große Langeweile befiel sie, da sie nun ganz allein wiederum bergan stieg. Sinnend ging sie durch die vielen blauen Blumen, die sie früher so unermüdlich begossen hatte, bis jener Abend in der Val Floriàna ihre Erwartungen zerbrach. Und wie sie so dachte und ihre Verlassenheit fühlte, war sie in die Schlucht gekommen, die man »Forám« nennt und aus der man hinaufschaut zu den hohen Gipfeln von Lagorài. Da schien es Dina, als ob die Gipfel ganz blass wären und als ob durch die Stille leises Glockenläuten töne, durch die ganze Waldung zogen fernher schwache, dünne Klänge. Dina blieb stehen und wollte horchen, aber ihre Arme erstarrten, ihre Hände zitterten und von einem dumpfen Angstgefühl bedrückt, eilte Dina vorwärts bis zu einem nahen Bächlein. Am Ufer sank sie nieder und hielt eine Hand ins Wasser. Und siehe – das Läuten und Klingen im Walde verstummte, die Gipfel drüben hinter der Schlucht ragten wieder groß und dunkel in den blauen Himmel. Als aber Dina sich erheben wollte, stand, wie einst in der Val Floriàna, jene fremde Frau vor ihr in dem grünen Mantel.

»Dina de Lagorài«, sprach die fremde Frau, »nicht mehr lange wirst du wandeln durch den schattenkühlen Wald, hättest du nicht das Wasser erreicht, so wärest du heute schon eingegangen in die andere Welt, all die Seelen der Gefallenen, die du erweckt hast aus den blauen Blumen, rufen nach dir und bannen dich in ihren geisterhaften Kreis, ganz oben auf den äußersten Enden der Felsen, wo man hoch im Mondenglanze über Wald und Wolken steht, sollst du deinen Wohnsitz nehmen, Dina de Lagorài – bald werden wir dich zu uns versammeln!« Seit diesem Tage wurde Dina öfter von solchen Anfällen gepeinigt und dagegen half nur Wasser, darum wagte sie es nicht mehr, sich von den Bächen weit zu entfernen. Und wenn sie so dasaß, an einem brausenden Schluchtwasser, über sich den Wald und vor sich die blaue Weite mit den hohen Bergen, dann kam die Schwermut über sie ob der Leere ihres Daseins.

Darum war sie ganz gerührt, als eines Tages wieder das Kind von Naradòl im Walde ihr begegnete und freudig auf sie zulief.

»Endlich habe ich dich gefunden«, sagte der Kleine, »oft und oft bin ich in den Wald gegangen, dich zu suchen, jetzt habe ich dich wieder und ich gehe nicht mehr von dir fort!«

»Aber, du Närrchen«, versetzte Dina, »du musst doch nach Hause gehen, wo du hingehörst.«

»Nein, ich gehe nicht mehr nach Hause«, entgegnete das Kind, »bei dir ist es so schön, dich habe ich lieb.« Und es hing sich an sie.

Allmählich erkannte Dina aus den Reden des Kleinen, dass im Schlosse Naradòl Unfrieden und Lieblosigkeit herrschten und dass des Kindes Seele freudlos und verängstigt war. Nur bei Dina atmete es auf und hatte viel zu erzählen und zu fragen. Es bereitete ihr immer die größte Mühe, das Kind nach

Hause zu schicken. Kam sie dann wieder in den Wald Treselùm, so war gleich das Kind bei ihr, es wartete nur auf sie, und wenn sie einige Tage nicht kam, dann war es ganz trostlos. Oft staunte Dina über das Innenleben des Kindes, wenn es Gedanken äußerte, die ihr selber durch den Sinn gingen. So schlossen sich die zwei einsamen Seelen immer enger aneinander. Weil aber Dina stets im Walde lebte, so wurde auch das Kind ein Waldkind und es horchte gespannt und machte große, fragende Augen, wenn Dina von den Wundern des Waldes erzählte, von seltsamen Blumen und Bäumen, von Bächen und Schluchten, von Wasserfällen, von Felsen und von hohen Gipfeln. »Und dort oben«, schloss Dina einmal ihre Erzählung, »dort oben ist es still und klar und sonnig, und niemals kommt ein Mensch hinauf.«

Da schaute sie der Kleine an und sagte: »Wenn ich einmal groß bin, dann baue ich dir ein Schloss ganz oben auf dem höchsten Gipfel, wo sonst niemand hinkommt, da wollen wir dann immer beisammenbleiben.«

Als Dina diese Worte hörte, wandte sie sich ab und weinte. Und das Büblein fragte, warum sie weinte, worauf Dina halblaut, wie im Selbstgespräch, erwiderte, genau dasselbe habe ihr einst jemand schon gesagt und dazu ebensolche Augen gemacht. Und sie nahm das Kind und küsste es auf die Wangen und war so traurig dabei, dass dem Kleinen ganz bange wurde.

»Kind!«, sagte Dina, »wir dürfen uns nicht so aneinander gewöhnen, denn ich muss bald sterben und dann hast du mich nicht mehr.«

Nun wollte der Kleine wissen, was das heiße: sterben!

»Sterben heißt fortgehen aus dieser Welt in eine andere«, versetzte Dina, »wenn ich gestorben bin, dann kann ich nimmermehr zu dir in den Wald kommen und nimmermehr mit dir sprechen, dann wohne ich oben, wo die Wolken ziehen und selbst wenn du da hinaufkämest, du könntest mich doch nicht mehr sehen.«

Da klammerte sich das Kind an sie und sagte: »Nicht fortgehen, Dina! Was mach ich allein im Wald, wenn du nicht mehr bist? – Musst du aber sterben, dann sterbe ich auch, damit wir beisammenbleiben.«

Es dunkelte bereits, als Dina das Büblein an die Lichtung brachte, auf der das Schloss Naradòl stand. Aber am andern Morgen war der Kleine schon wieder im Walde und suchte nach Dina.

Die Zeit verging und der Kleine wurde zusehends flinker und beweglicher, ja er zeigte schon eine gewisse Anstelligkeit. Das war auch notwendig, denn Dina bekam jetzt immer häufiger ihre gefährlichen Anfälle und der Kleine musste lernen, für Dina Wasser zu holen. Das tat er denn auch bald mit Stolz und es schien ihm die selbstverständlichste Sache von der Welt, dass Dina schwach wurde und dass er ihr Wasser brachte.

Da folgte eines Morgens der Schlossherr von Naradòl seinem Söhnchen in den Wald, um zu sehen, wohin das Kind wohl gehen möge. Und als er es erreicht hatte, sah er Dina vor sich stehen, die er sofort erkannte. Aber auch sie erkannte ihn und wurde leichenblass. Er wollte etwas sagen und fand keine Worte. An dem Schweigen, mit dem die zwei sich gegenüberstanden, erkannte das aufmerksam zuschauende Kind etwas Unheimliches, Furchtbares. Und als der Vater es zu sich ziehen wollte, wich es vor ihm zurück. Da griff sich Dina ans Herz und ein Anfall überkam sie. Sofort schickte sich der Kleine zum Gehen an und sagte mit Bestimmtheit: »Ich muss ihr Wasser holen!«

Allein der Schlossherr wollte das nicht dulden, weil er glaubte, sein Söhnchen wolle die Gelegenheit nur benützen, um im Walde zu verschwinden. Darum ergriff er es und hielt es fest. Weil nun das Kind immerfort schrie: »Sie muss ja Wasser haben, sie braucht Wasser!«, so band er es an einen Baum und ging dann selbst Wasser holen. Und er lief im Walde herum und wusste nicht, wo er Wasser hernehmen sollte, und hörte immer hinter sich das verzweifelte Schreien seines Kindes. Als er aber endlich zurückkam, da brauchte Dina keine Hilfe mehr, denn sie war hinübergegangen in die andere Welt. Mit einem einzigen schaudernden Blick erkannte es der Mann, er wandte sich ab, machte schnell sein Söhnchen los und wollte es forttragen, aber das Kind warf sich auf Dina und hielt die Tote so fest umschlungen, dass der Vater es nur mit Gewalt losreißen konnte. Voll Entsetzen rannte er mit dem Kinde durch den Wald hinab nach Naradòl. Und es war ihm, als hörte er Verfolger hinter sich mit unermesslichen Kampf- und Racherufen. Atemlos und bleich erreichte er Naradòl, wo die Gattin seiner harrte. Aber wie sie ihm das Kind abnahm, sah sie, dass es an Krämpfen gestorben war. Und sie wollte wissen, was im Walde sich abgespielt hatte, der Mann jedoch schwieg auf jede Frage.

Da schickte die Schlossfrau Knechte in den Wald hinauf. Die kamen zurück und berichteten, oben liege tot ein wunderschönes Weib. »Eine Hexe!«, rief die Frau, »bringt sie her, dass sie verbrannt werde, sonst mordet sie auch noch meine übrigen Kinder!«

Aber dem Manne war leid um Dina und er schickte eilends andere Knechte, die sie bestatten und ihr Grab mit Blumen bestreuen sollten. Die ganze Nacht blieben die Knechte fort. Am Morgen kamen sie verstört zurück und meldeten, Hunderte von geisterhaften Kriegern hätten die Tote in einem mit blauen Blumen bekränzten Sarge hinaufgetragen gen Lagorài zu den hohen Gipfeln.

Und in der nächsten Nacht kamen diese gespenstigen, fremden Krieger auch nach Naradòl. Mit blauen Blumen auf den Helmen, stürmten sie über Gräben und Mauern unaufhaltsam in die Burg hinein, raubten das tote Kind und brachten es zu Dina, hinauf auf die äußersten Enden der Felsen, wo man hoch im Mondenglanz über Wald und Wolken steht.

Sage aus Südtirol

Der Waldkater

Es war einmal ein Köhler, der hatte nichts als ein Weib und ein Kind, das erst ein paar Tage alt war. Dieses war noch nicht getauft und der Köhler beschloss, sich um einen Paten umzusehen. Weil er im Wald wohnte, musste er in das nächste Dorf gehen, um sich einen Gevatter auszubitten, und er machte sich deshalb in seinem Sonntagsgewand auf den Weg. Dort angelangt, ging er schnurgerade in des Richters Haus, um sich ihn zum Gevatter zu bitten. Doch der entschuldigte sich ein wenig grob und sagte, dass er für so ein Gesindel kein Geld auszugeben habe, und es hätte wenig gefehlt, so hätte er den Köhler zur Tür hinausgeworfen.

Nicht besser ging es ihm bei den Übrigen. Die Kindstaufe sollte aber am anderen Tag sein und daher musste er, ob gerade oder ungerade, für einen Gevatter sorgen. Er ging in das nächste Dorf, das wohl drei Stunden weit entfernt war und am Saum eines großen Waldes lag.

Als er mitten auf dem Weg war, stieg ein so arges Donnerwetter auf, dass er sich tiefer in den Wald begeben musste, um nicht bis auf die Haut nass zu werden und sein Sonntagsgewand obendrein zu verderben.

Unterdessen war es finster geworden, der Köhler, indem er auf seine Klugheit zu sehr rechnete, hatte sich diesmal geirrt. Anstatt später aus dem Wald zu kommen, verirrte er sich immer mehr und mehr. Schon wollte er sich, matt und müde wie er war, unter einem der Bäume niederlegen, um dort die Nacht zuzubringen, als er nicht gar weit von ihm entfernt ein Lichtlein brennen sah. Er nahm seine letzten Kräfte zusammen, schleppte sich bis zu dem Ort hin, wo das Lichtlein brannte, und sah eine große Hütte vor sich stehen, an welche er anklopfte.

»Wer da?«, rief eine raue Stimme von innen, neben der sich das Knurren eines Katers vernehmen ließ.

»Ein armer verirrter Mann, der nur um eine Nachtherberge bittet.«

»Wenn's sonst nichts ist, die kann ich Euch schon geben«, ließ sich wieder die vorige Stimme hören. Die Tür wurde aufgemacht, und ein großer starker Mann trat heraus, dem ein schwarzer Kater, so groß wie ein Kalb, auf dem Fuß folgte. Der Mann führte den Köhler in die Hütte und fragte ihn, was ihn noch so spät in den tiefen Wald hereinbrächte.

Der Gevatter Köhler erzählte nun, er suche einen Paten für seinen kleinen Buben, allein überall sei er abgewiesen worden, er habe in das nächste Dorf gehen wollen und sich verirrt. Der Mann hatte dem Erzähler aufmerksam zugehört und sagte: »Nun, wenn Ihr nichts anderes wollt als das, den Gefallen kann ich Euch schon selber tun, für heute geht schlafen und was morgen zu tun ist, das wollen wir schon richten.« Er wies dem Köhler ein Bett als Nachtlager an, während er selbst sich mit dem Kater auf die Erde legte.

Zeitlich früh stand er auf, pflückte einen »Buschen« von seinen Fensterblumen, weckte den Köhler, spannte den schwarzen Kater ein und fort ging's zu des Kohlenbrenners Hütte.

Dort angekommen, nahmen sie das Kind und fuhren ins Dorf zur Taufe. In derselben erhielt es auf den Wunsch des Paten den Namen »Waldkater«. Man fuhr gleich wieder nach Hause, wo der Fremde das Kind und den Strauß dem Vater übergab und mit seinem Kater waldeinwärts fuhr. Der Kohlenbrenner übergab nun den Knaben samt dem Buschen der Mutter und sagte zugleich den Namen des Kindes.

Doch da hatte der gute Mann ein Wetter zu überstehen. »Pfui Teufel«, fing sie an, »das ist nicht einmal ein Name für einen Hund, geschweige denn für einen ehrlichen Christenmenschen, aus dem Kerl da wird was Sauberes werden und den Buschen hätt' sich der eiserne Äff auch behalten können, für den ist es schon der Mühe wert, einen Waldkater als Kind zu haben. Ich hätte ihm den Buschen vor die Füße geworfen.« Als sie dies sagte, fiel er ihr wie weggeblasen aus der Hand und eine Menge Dukaten rollten aus demselben heraus. Das setzte das überraschte Ehepaar in nicht geringes Erstaunen. Erfreut klaubten sie das Geld auf und sahen, dass es nicht weniger als tausend Gulden waren.

Nun hatte aller Streit ein Ende, aller Zorn war verschwunden, sie lobten den edlen Wohltäter und dachten nur daran, was mit dem vielen Geld anzufangen wäre. Der Mann wollte den ganzen Wald kaufen und sein Handwerk im Großen betreiben, aber das Weib, welches ein wenig herrschsüchtig und eitel war, wollte durchaus ein Herrschaftshaus haben. Endlich einigten sie sich dahin, einen Meierhof zu kaufen, um dort ruhig und glücklich ihre Tage zuzubringen. Das geschah und von der Zeit an lebten sie geehrt und zufrieden.

Unterdessen war auch der kleine Waldkater größer und ein schlimmer Bub geworden, wie seine Mutter vorausgesagt hatte. Er bekam daher mehr Schläge als zu essen und das bestimmte ihn, seinen Eltern bei Nacht und Nebel abzufahren. Wohin, das wusste er selbst nicht, aber es war ihm auch alles eins, wohin er käme, darum rannte er schnurgerade in den Wald hinein und fort und fort, bis er endlich selbst nicht mehr wusste, wo ein und wo aus.

Sorgenlos legte er sich nieder und als es Tag geworden war und er erwachte, sah er unweit seines Lagerplatzes eine Hütte stehen. Er ging hin und mir nichts, dir nichts klopfte er fest an, um zu sehen, ob denn nicht jemand drinnen sei.

»Wer da?«, sagte eine raue Stimme, neben welcher sich das Knurren eines alten Katers vernehmen ließ.

»Ich bin's, der Waldkater, macht auf, ich hab' Hunger.«

Die Tür wurde von einem alten Mann aufgemacht und ein großmächtiger Kater war schon im Begriff, auf den Wildfang loszuspringen, als Herr und Kater zugleich den Sohn ihres

Freundes erkannten, mit dem sie vor mehr als zwölf Jahren die Spazierfahrt in die Kirche und zurück gemacht hatten. Der Pate nahm ihn gleich freundlich auf und fragte ihn, wie es ihm gegangen sei.

Als nun der Knabe alles erzählt hatte, was er wusste, fing der Pate an: »Mein Kind, du bist jetzt gerade in einem Alter, wo man was lernen soll; wenn dich daher das Gärtnerhandwerk freut, so kannst du gleich bei mir bleiben. Ich bin jetzt ohnehin schon alt, und bevor ich sterbe, will ich dich zu meinem Erben und Nachfolger einsetzen.«

Waldkater willigte gern ein, um nicht zu verhungern; er fügte sich dem Willen seines Paten und wurde ein Gärtner. So blieb er nun fünf Jahre dort und lernte nebst der Gärtnerei noch viele andere nützliche Dinge. Endlich wurde ihm die Gärtnerei auch langweilig, und er ging nun – wie früher seinen Eltern, so jetzt seinem Paten – bei Wind und Wetter durch. Auch diesmal war er so unvorsichtig, sich ohne Lebensmittel fortzuschleichen, und er sah sich bald genötigt, sich auf sein Handwerk zu verlegen.

Als er schon ziemlich lange gewandert war, gewahrte er ein prächtiges Schloss. Er klopfte an und fragte, ob man keinen Gärtner brauche. Da wurde er sogleich als Hofgärtner aufgenommen.

Der König, dem das Schloss gehörte, hatte eine Tochter, die war wunderschön. Sie kam oft in den Garten und fand großes Wohlgefallen an dem jungen Gärtner. Die Hofbeamten beneideten ihn deswegen, aber weil sie ihn sonst gut leiden konnten, so sannen sie nur auf Mittel, ihn zu entfernen. Sie sagten ihm daher, der König habe ihn gesehen, wie er die Prinzessin geküsst habe, und deshalb habe er befohlen, den Gärtner umzubringen. Darüber erschrak er und suchte zu entfliehen. Er teilte das im Vertrauen der Königstochter mit, und im Garten schwuren sie, einander treu zu bleiben ein Jahr und einen Tag. Der Gärtner floh nun aus dem Schloss, aber des ewigen Herumziehens müde, verdingte er sich gleich im nächsten Dorf als Schafhalterknecht, und nicht lange darauf wurde er zum wirklichen Schafhalter erhoben. Und in der Tat, wenn er seine Herde austrieb, so war es eine Freude, sie anzusehen: In Reih' und Glied marschierten sie daher wie ein Regiment Soldaten, sie waren dabei auch so abgerichtet, dass sie auf jeden Befehl hörten.

Wenn sie dann des Abends nach Hause getrieben wurden, so marschierten sie wieder ordentlich vor dem Waldkater her, und der spielte so lustige Stücklein auf der Flöte, dass es eine Freude war. Das tat er aber um der Königstochter willen, unter deren Fenstern die Schafe vorbeigetrieben wurden. Doch gab er sich nie zu erkennen und hüllte sich tiefer in seinen Mantel, wenn er vor dem Palast des Königs vorbeikam, um von den Höflingen nicht entdeckt zu werden.

Auf diese Weise war nun ein Jahr vergangen, ohne dass etwas vorfiel. Am letzten Tag desselben trieb Waldkater seine Herde ungewöhnlich weit in den Wald hinein, da kam ihm auf einmal ein fürchterlich großer Riese entgegen, der brüllte ihn an mit den Worten: »Was hast du Zwerg da in meinem Garten zu tun, weißt du nicht, dass ein jeder, der auf mein Gebiet kommt, von mir gefressen wird?«

»Meiner Seel', das wusste ich nicht«, sagte bis zum Tod erschrocken der Hirt und bat ihn, sein junges Leben zu schonen. Aber der Riese gab nicht nach und brüllte fort. Da sagte der Hirt: »Nun, wenn Ihr mich schon durchaus umbringen wollt, so bitt' ich Euch nur um etwas noch: Lasst mich mein Lieblingslied noch einmal spielen, und dann will ich gern sterben.«

»Meinetwegen«, sagte der Riese, »Musik hab ich immer gern gehört.«

Nun fing der Hirt an zu spielen, so reizend und lieblich und traurig, dass der Riese zu schlafen anfing. Das eben hatte der Hirt gewollt, er zog sein Hirtenmesser aus der Tasche, und auf ja und nein lag der Kopf des Riesen auf der Erde und verwandelte sich in einen kleinen goldenen Apfel, während der übrige Körper des Riesen sich in einen großen grünen Hügel verwandelte.

Schon wollte Waldkater seine Herde heimtreiben, da hörte er auf einmal ein Geräusch und sah, wie aus dem Inneren des Waldes Räuber kamen und sich auf der anderen Seite des Hügels lagerten. Sie machten ein Feuer an, um Fleisch zu braten, und sprachen heftig untereinander. Waldkater schlich sich nun leise an sie heran und hörte, dass sie eben beratschlagten, wie sie in der folgenden Nacht, in welcher die Hochzeit der Prinzessin mit einem fremden Prinzen sein sollte, das Schloss ausplündern und alle ermorden wollten. Als sie darüber einig waren, aßen und tranken sie und entfernten sich.

Als sie aber fort waren, ging der Waldkater her, schnitt den Apfel in zwei Teile und schrieb auf dieselben das, was er von den Räubern gehört hatte, sowie auch, dass er der Gärtner sei, und den Schwur, den ihm die Königstochter geleistet hatte. Dann trieb er seine Herde heim.

Die Königstochter erschien wie gewöhnlich am Fenster, aber diesmal allein und diese günstige Gelegenheit benützte der Hirt, ihr die beiden Apfelhälften in den Schoß zu werfen. Die Königstochter erkannte ihn jetzt, war sehr erfreut darüber und beschloss, die Sache einstweilen geheim zu halten. Als aber der Morgen kam, sagte sie zum König: »Vater, verschiebe meine Hochzeit, der heutige Tag ist ein Unglückstag; ich habe so einen schrecklichen Traum gehabt, der mich vor meiner Hochzeit warnt. Mir träumte nämlich: Wir saßen froh und vergnügt bei der Hochzeit beisammen, auf einmal hörten wir Feuer rufen, und das ganze Haus stand in Flammen, darauf drangen Räuber in den Saal und ermordeten alle Gäste, und als sie auf uns zukamen, da wachte ich auf, ganz mit Schweiß bedeckt und an Händen und Füßen zitternd.« Der König sah darin gleich ein vom Himmel ihm gesandtes Zeichen, verschob die Hochzeit, ließ im Innern des Palastes Soldaten aufstellen, die Zimmer des Schlosses festlich erleuchten und alles so vorbereiten, als ob Hochzeit gehalten würde. Gegen Mitternacht kamen wirklich die Räuber daher und waren schon im Begriff, das Schloss anzuzünden und in die Säle hinaufzusteigen, um zu plündern, als die Wachen aus dem Versteck herausbrachen und alle gefangen nahmen.

Nun gestand die Königstochter ihrem Vater die Wahrheit, und der König willigte jetzt gern in die Heirat, da er dem Hirten sein Leben verdankte.

Märchen aus Österreich

Der Graf, der seine Seele verkaufte

Einst lebte nahe beim Wald von Iraty ein Graf mit Namen Manuel. Er hatte eine gute Frau und drei prächtige Kinder, zwei Knaben und ein Mädchen. Ein stattliches Schloss mit großem Anwesen und Ländereien nannte er sein eigen. Zahlreiche Knechte und Mägde waren ihm im Haus, Garten und auf den Feldern zu Diensten. Nun hätte der Graf ein gutes Leben führen können, wäre da nicht sein Laster gewesen. Er liebte es, sich dem Trinken und Spielen hinzugeben. Jeden Tag verbrachte er im Wirtshaus und nicht einmal der Sonntag war ihm heilig. Und so geschah, was geschehen musste. Eines Tages hatte Graf Manuel sein ganzes Hab und Gut beim Spiel verloren und hatte nicht mehr als der ärmste Bettler und besaß nur noch die Kleider, die er am Leibe trug. Da packte ihn die Verzweiflung und er verließ die Seinen, und er ging in den dichten tiefen Wald. Er wollte nur noch seinem Leben ein Ende bereiten und sich am höchsten Baum erhängen.

Wie er schon das Seil um den Hals windet, hört er auf einmal eine Stimme:

»Manuel, Manuel, was hast du vor?«

»Wer spricht denn da?«, fragte Manuel erstaunt.

»Ich bin's, der Waldgeist. Du sitzt auf meinen Ästen«, antwortete die Stimme.

»Ach«, antwortete Manuel, »von dir hab ich schon gehört. Bist du nicht mit dem Teufel im Bunde?«

»Ich bin einer der vielen Teufel, die unten in der Hölle hausen«, antwortete die Stimme. »Ich kenne deine Sorgen, mein Freund. Verkaufst du mir deine Seele, dann sollst du nicht nur dein Schloss zurückbekommen und alles, was sonst noch dir gehörte, nein, ein noch viel reicherer Mann sollst du werden. Gold und Silber wird dir niemals ausgehen, Ruhm und Macht wirst du haben und alle werden sich fürchten vor dir.«

Graf Manuel dachte bei sich: »Eben wollte ich noch sterben, aber ein Leben in Saus und Braus, mit Macht und Ruhm ist doch besser. Das mit der Seele wird sich schon einrichten lassen. Zu gegebener Zeit wird sich der Teufel wohl überlisten lassen.«

Schnell wurden die beiden handelseinig, zumal der Teufel aussah wie ein richtiger Mensch. Freilich fror Graf Manuel als er des Teufels eisige Hand in der seinen spürte. Und noch schauriger war, als er sein warmes Herz nicht mehr in der Brust spürte. Ihm war, als sei sein Blut gefroren. Aber schnell verging dieses Gefühl. Graf Manuel ging heim mit Taschen voller Geld. Er trank und spielte weiter und trieb es immer ärger. Und doch blieb sein Beutel stets gefüllt. Seinen Reichtum konnte er mehren und seine Macht war groß. Aber alles fürchtete sich vor ihm, so dass bald nur noch seine Frau und seine Kinder in seinem Haus blieben. Doch auch sie zitterten vor ihm, denn es ging eine ungeheure Kälte von ihm aus.

Eines Tages geschah es, dass sein Töchterchen eine kostbare Vase fallen ließ, so dass sie in tausend Stücke zerbrach. Graf Manuel, der keine Freude und keine Liebe mehr empfand, rief: »Du sollst zu Stein erstarren, du törichtes Kind!« Kaum hatte er diese Worte gesprochen, da war das kleine Mädchen zu Stein erstarrt. Seine Frau war entsetzt und schrie und weinte. Da verfluchte er auch sie. Seine beiden Söhne aber flohen aus dem Schloss und rannten um ihr Leben.

Nun kam es so weit, dass niemand mehr in seiner Nähe sein wollte. Im Garten um das Schloss herrschte ewiger Winter. Schnee und Eis umfing die Mauern. Graf Manuel aber merkte es nicht. Er merkte nicht mehr, ob es Tag war oder Nacht. Nichts konnte ihn mehr erheitern. Nichts konnte ihn mehr traurig machen. So vergingen viele Jahre.

Eines Tages stand Graf Manuel am Fenster und schaute hinaus. Er sah, dass hinter der Mauer der Frühling Einzug gehalten hatte und hörte die Vögel singen. Ein uraltes Mütterchen humpelte vor die Pforte seines Schlosses und bat um ein Almosen. Zuerst wollte er sie wegscheuchen, wie es bisher seine Art gewesen war, aber etwas regte sich doch in ihm. Er dachte bei sich: »'s ist ganz einerlei, ob ich der Alten etwas zustecke oder nicht. Mich macht ja doch nichts mehr froh.« Er öffnete das Tor und gab der Alten ein Goldstück. Sie dankte ihm und humpelte davon. Da betrachtete er seine versteinerte Frau und sein ebenfalls zu Stein erstarrtes Töchterchen. Ihm kamen die beiden verlorenen Söhne in den Sinn und er weinte bittere Tränen. Zum ersten Mal spürte er seine Seele wieder.

Verzweiflung packte ihn. Und zum zweiten Mal in seinem Leben wollte er sich am nächsten Baum erhängen. Wiederum ging er hinaus in den Wald. Wieder hörte er die Stimme, die rief: »Manuel, was hast du vor?«

»Ach, Waldgeist, du hast mir gerade noch gefehlt, du hast mich unglücklich gemacht!«, sprach Manuel. »Nein, schreibe mir nicht zu, was du dir selbst eingebrockt hast«, antwortete dieser. »Hast du mir nicht für Geld, Macht und Reichtum deine Seele verkauft?« – »Ach und wie gerne würde ich das wieder rückgängig machen!«, klagte Manuel.

»Dafür ist es nun zu spät«, sprach der Waldgeist, der ein Teufel war. »Hättest du dieser Alten nicht das Goldstück gegeben, dann hättest du jetzt nicht so kindische Gedanken. Mitleid macht schwach und weichlich. Wenn du dich jetzt an meinem Baum erhängst, so gehörst du für ewig mir und kommst mit in die Hölle.«

Als Manuel dies hörte, rief er: »O nein, dann will ich doch noch nicht sterben. In die Hölle will ich nicht. Was kann ich tun, dass ich meine Seele wieder bekomme?«

»Nun, der Vertrag ist gemacht«, sprach der Waldgeist, »da kommst du mir so schnell nicht heraus. Aber wenn es dir gelingt, auf all den Reichtum zu verzichten, wenn es dir gelingt als armer Wanderer durch den Wald bis zur Stadt am Meer zu ziehen und nur von den Almosen mitleidiger Menschen zu leben, dann sollst du frei sein. Aber das gelingt dir nie und nimmermehr!«

Graf Manuel aber wollte dem Teufel entkommen. Er wollte seine Seele retten. So machte er sich auf den Weg. Er ging und ging, litt Hunger und Durst. Endlich kam er an eine Waldlichtung. Da stand eine Hütte. Und als er dort anklopfte, öffnete ihm das uralte Mütterchen, dem er das Goldstück gegeben hatte und sprach:

»Erkennst du mich wieder, Graf Manuel? Ich bin die alte Bettlerin, der du das Goldstück gegeben hattest. In dieser Gestalt bin ich dir erschienen. In dieser Gestalt erscheine ich dir jetzt. Aber ich bin die Herrin des Waldes und alle Geschöpfe darin folgen meinem Willen. Nur über den Waldgeist habe ich keine Macht. Er muss aber weichen, wenn ein Mensch sich von ihm abwendet.«

Da klagte Graf Manuel der Alten sein Leid und weinte bittere Tränen um seine Frau und seine Kinder.

»Weil du Mitleid mit mir hattest«, sprach die Alte, »will ich dir helfen. Du kannst deine Frau und deine Tochter erlösen, wenn du nun weiter ziehst als armer Bettler. Eines Tages wirst du in die Stadt am Meer kommen. Dort herrscht ein blinder König, der hat zwei schöne junge Töchter. Wer ihm sein Augenlicht wieder geben kann, der darf sich eine seiner Töchter zur Frau wählen. Ich will dir eine Salbe mitgeben, die wird ihn heilen. Sie ist gemacht aus Blättern und Pilzen meines Waldes. Wenn der König seine Augen damit bestreicht, wird er in drei Tagen gesund sein und wieder sehen können. Er wird dich dann fragen, welche Tochter du zur Frau willst.« – »Ich will nur meine Frau und keine andere. Ich bin schon verheiratet!«, rief Graf Manuel aus. – »Recht so, mein Sohn«, sprach die Alte. »Das wirst du dem König sagen. Bitte ihn um einen anderen Lohn. Bitte ihn um einen Apfel aus dem königlichen Garten und bringe ihn zu mir. Dann helfe ich dir weiter.«

Graf Manuel nahm den Tiegel mit der Salbe und verabschiedete sich von der Herrin des Waldes. Er ging und ging. Der Weg war beschwerlich und er litt Hunger und Durst. Endlich gelangte er in die Stadt am Meer. Erschöpft setzte er sich vor ein Haus und bat um ein Almosen. In diesem Haus aber wohnten seine Söhne. Ein jeder von ihnen hatte ein Handwerk erlernt und ein jeder von ihnen hatte ein gutes Herz. Gerne gaben sie dem armen Mann zu essen und zu trinken. Auch boten sie ihm ein Nachtlager an. Vater und Söhne aber erkannten sich nicht.

Am andern Morgen ging Manuel zum Schloss und sprach: »Lasst mich zum König. Ich will ihm sein Augenlicht wieder schenken.« Da verspotteten die Wachen den zerlumpten Bettler und wollten ihn nicht einlassen. So ging es auch am andern Tag. Am dritten Tag erhob Manuel seine Stimme und rief so laut er konnte. Da hörte der König den Lärm und fragte, was geschehen sei. Die Wachen sprachen: »Da ist ein Bettler, der behauptet, er könne Euch das Augenlicht wieder geben. Wir sind dabei ihn fortzujagen.« – »Lasst ihn eintreten«, sprach der blinde König. »Ich will selber mit ihm reden.«

»Könnte unser König seine Augen gebrauchen«, sprachen die Wachen, »dann hätte er gesehen, dass dieser zerlumpte Bettler nie und nimmermehr ein Arzt sein kann.«

Manuel trat nun vor den König und reichte ihm seine Salbe. Der König bestrich damit seine Augen und wartete drei Tage.

Nach drei Tagen konnte er sehen und war von Herzen froh. Er sprach zu Manuel »Ich halte mein Wort. Welche meiner beiden Töchter möchtest du heiraten?«

»Keine von beiden – ich bin schon verheiratet«, antwortete Manuel. »Aber ich habe einen anderen Wunsch. Gebt mir einen Apfel aus Eurem königlichen Garten.«

»Dann soll es so sein. Gott segne dich, mein Sohn«, sprach der König.

Manuel pflückte nun einen Apfel aus dem königlichen Garten, verabschiedete sich von seinen Gastgebern, die seine Söhne waren, und ging wieder zu der Hütte im Wald. Diesmal stand da keine Hütte, sondern ein prächtiges Steinhaus. Es öffnete sich das Tor und heraus trat eine schöne große Frau. Sie sprach »Manuel, du hast meinen Rat befolgt und getan, was ich dir gesagt habe. Heute erscheine ich dir in dieser Gestalt. Ich bin die Herrin des Waldes.« Und sie nahm den Apfel in die Hände, sprach einen Zauberspruch und übergab ihn Manuel.

»Geh nun wieder nach Hause«, sprach sie. »Lege den Apfel vor deinem Schloss in die Erde und begieße ihn mit deinen Tränen. Dann kann daraus ein Apfelbaum erwachsen. Halte diesen in Ehren und vergiss mich, die Herrin des Waldes, nicht. Wenn du diesen Rat befolgst, wird alles dort so sein wie einst, bevor du dem Waldgeist deine Seele verkauftest«

Manuel dankte der Frau von Herzen und versprach alles. Er machte sich auf den Weg nach Hause und endlich kam er zu seinem Anwesen. Er ging ins Haus und sah seine steinerne Frau und die steinerne Tochter. Er legte den Apfel in die Erde und begoss ihn mit seinen bitteren Tränen. Da erwachten die beiden Versteinerten wieder zum Leben und sie herzten und küssten und freuten sich. Seine Frau verzieh ihm. Sie feierten ein Fest, das drei Tage und drei Nächte dauerte. Niemals mehr wandte sich Graf Manuel dem Kartenspiel zu. Alle Armen aus der Umgebung bekamen stets zu essen und zu trinken bei ihm. Aus dem Apfel aber wuchs ein prächtiger Apfelbaum heran. Sooft er ihn betrachtete, dachte Manuel an die Herrin des Waldes.

Seine beiden Söhne haben später die beiden Königstöchter aus der Stadt am Meer geheiratet. Aber das ist ein anderes Märchen.

Märchen aus dem Baskenland

Der Eisenhans

Es war einmal ein König, der hatte einen großen Wald bei seinem Schloss, darin lief Wild aller Art herum. Zu einer Zeit schickte er einen Jäger hinaus, der sollte ein Reh schießen, aber er kam nicht wieder. »Vielleicht ist ihm ein Unglück zugestoßen«, sagte der König und schickte den folgenden Tag zwei andere Jäger hinaus, die sollten ihn aufsuchen, aber die blieben auch weg.

Da ließ er am dritten Tag alle seine Jäger kommen und sprach: »Streift durch den ganzen Wald und lasst nicht ab, bis ihr sie alle drei gefunden habt.« Aber auch von diesen kam keiner wieder heim und von der Meute Hunde, die sie mitgenommen hatten, ließ sich keiner wieder sehen.

Von der Zeit an wollte sich niemand mehr in den Wald wagen und er lag da in tiefer Stille und Einsamkeit und man sah nur zuweilen einen Adler oder Habicht darüber hinfliegen. Das dauerte viele Jahre, da meldete sich ein fremder Jäger bei dem König, suchte eine Versorgung und erbot sich, in den gefährlichen Wald zu gehen. Der König aber wollte seine Einwilligung nicht geben und sprach: »Es ist nicht geheuer darin, ich fürchte, es geht dir nicht besser als den andern und du kommst nicht wieder heraus.«

Der Jäger antwortete: »Herr, ich will's auf meine Gefahr wagen, von Furcht weiß ich nichts.«

Der Jäger begab sich also mit seinem Hund in den Wald. Es dauerte nicht lange, so geriet der Hund einem Wild auf die Fährte und wollte hinter ihm her. Kaum aber war er ein paar Schritte gelaufen, so stand er vor einem tiefen Pfuhl, konnte nicht weiter und ein nackter Arm streckte sich aus dem Wasser, packte ihn und zog ihn hinab. Als der Jäger das sah, ging er zurück und holte drei Männer, die mussten mit Eimern kommen und das Wasser ausschöpfen. Als sie auf den Grund sehen konnten, so lag da ein wilder Mann, der braun am Leib war wie rostiges Eisen und dem die Haare über das Gesicht bis zu den Knien herabhingen. Sie banden ihn mit Stricken und führten ihn fort in das Schloss. Da war große Verwunderung über den wilden Mann, der König aber ließ ihn in einen eisernen Käfig auf seinen Hof setzen und verbot bei Lebensstrafe, die Türe des Käfigs zu öffnen, und die Königin musste den Schlüssel selbst in Verwahrung nehmen. Von nun an konnte ein jeder wieder mit Sicherheit in den Wald gehen.

Der König hatte einen Sohn von acht Jahren, der spielte einmal auf dem Hof, und bei dem Spiel fiel ihm sein goldener Ball in den Käfig. Der Knabe lief hin und sprach: »Gib mir meinen Ball heraus.« – » Nicht eher,« antwortete der Mann, »als bis du mir die Türe aufgemacht hast.« – » Nein«, sagte der Knabe, »das tue ich nicht, das hat der König verboten«, und lief fort. Am andern Tag kam er wieder und forderte seinen Ball. Der wilde Mann sagte: »Öffne meine Türe«, aber der Knabe wollte nicht. Am dritten Tag war der König auf die Jagd geritten, da kam der Knabe nochmals und sagte: »Wenn ich auch wollte, ich kann die Türe nicht öffnen, ich habe den Schlüssel nicht.« Da sprach der wilde Mann: »Er liegt unter dem Kopfkissen deiner Mutter, da kannst du ihn holen.« Der Knabe, der seinen Ball wiederhaben wollte, schlug alles Bedenken in den Wind und brachte den Schlüssel herbei. Die Türe ging schwer auf und der Knabe klemmte sich den Finger. Als sie offen war, trat der wilde Mann heraus, gab ihm den goldenen Ball und eilte hinweg. Dem Knaben war angst geworden, er schrie und rief ihm nach: »Ach, wilder Mann, geh nicht fort, sonst bekomme ich Schläge.« Der wilde Mann kehrte um, hob ihn auf, setzte ihn auf seinen Nacken und ging mit schnellen Schritten in den Wald hinein. Als der König heim kam, bemerkte er den leeren Käfig und fragte die Königin, wie das zugegangen wäre. Sie wusste nichts davon, suchte den Schlüssel, aber er war weg. Sie rief den Knaben, aber niemand antwortete. Der König schickte Leute aus, die ihn auf dem Felde suchen sollten, aber sie fanden ihn nicht. Da konnte er leicht erraten, was geschehen war und es herrschte große Trauer an dem königlichen Hof.

Als der wilde Mann wieder in dem finstern Wald angelangt war, so setzte er den Knaben von den Schultern herab und sprach zu ihm: »Vater und Mutter siehst du nicht wieder, aber ich will dich bei mir behalten, denn du hast mich befreit und ich habe Mitleid mit dir. Wenn du alles tust, was ich dir sage, so sollst du's gut haben. Schätze und Gold habe ich genug und mehr als jemand in der Welt.« Er machte dem Knaben ein Lager von Moos, auf dem er einschlief, und am andern Morgen führte ihn der Mann zu einem Brunnen und sprach: »Siehst du, der Goldbrunnen ist hell und klar wie Kristall: Du sollst dabeisitzen und achthaben, dass nichts hineinfällt, sonst ist er verunehrt. Jeden Abend komme ich und sehe, ob du mein Gebot befolgt hast.« Der Knabe setzte sich an den Rand des Brunnens, sah, wie manchmal ein goldner Fisch, manchmal eine goldne Schlange sich darin zeigte, und hatte acht, dass nichts hineinfiel. Als er so saß, schmerzte ihn einmal der Finger so heftig, dass er ihn unwillkürlich in das Wasser steckte. Er zog ihn schnell wieder heraus, sah aber, dass er ganz vergoldet war und wie große Mühe er sich gab, das Gold wieder abzuwischen, es war alles vergeblich. Abends kam der Eisenhans zurück, sah den Knaben an und sprach: »Was ist mit dem Brunnen geschehen?« – »Nichts, nichts«, antwortete er und hielt den Finger auf den Rücken, dass er ihn nicht sehen sollte. Aber der Mann sagte: »Du hast den Finger in das Wasser getaucht. Diesmal mag's hingehen, aber hüte dich, dass du nicht wieder etwas hineinfallen lässt.« Am frühsten Morgen saß er schon bei dem Brunnen und bewachte ihn. Der Finger tat ihm wieder weh und er fuhr damit über seinen Kopf, da fiel unglücklicherweise ein Haar herab in den Brunnen. Er nahm es schnell heraus, aber es war schon ganz vergoldet. Der Eisenhans kam und wusste schon, was geschehen war. »Du hast ein Haar in den Brunnen fallen lassen«, sagte er, »ich will dir's noch einmal nachsehen, aber wenn's zum dritten Mal geschieht, so ist der Brunnen entehrt und du kannst nicht länger bei mir bleiben.« Am dritten Tag saß der Knabe am Brunnen, und bewegte den Finger nicht, wenn er ihm noch so wehtat. Aber die Zeit ward ihm lang und er betrachtete sein Angesicht, das auf dem Wasserspiegel stand. Und als er sich dabei immer mehr beugte und sich recht in die Augen sehen wollte, so fielen ihm seine langen Haare von den Schultern herab in das Wasser. Er richtete sich schnell in die Höhe, aber das ganze Haupthaar war schon vergoldet und glänzte wie eine Sonne. Ihr könnt denken, wie der arme Knabe erschrak. Er nahm sein Taschentuch und band es um den Kopf, damit es der Mann nicht sehen sollte. Als er kam, wusste er schon alles und sprach: »Binde das Tuch auf.«

Da quollen die goldenen Haare hervor, und der Knabe mochte sich entschuldigen, wie er wollte, es half ihm nichts. »Du hast die Probe nicht bestanden und kannst nicht länger hier bleiben. Geh hinaus in die Welt, da wirst du erfahren, wie die Armut tut. Aber weil du kein böses Herz hast und ich's gut mit dir meine, so will ich dir eins erlauben. Wenn du in Not gerätst, so geh zu dem Wald und rufe ›Eisenhans‹, dann will ich kommen und dir helfen. Meine Macht ist groß, größer als du denkst, und Gold und Silber habe ich im Überfluss.«

Da verließ der Königssohn den Wald und ging über gebahnte und ungebahnte Wege immerzu, bis er zuletzt in eine große Stadt kam. Er suchte da Arbeit, aber er konnte keine finden und hatte auch nichts erlernt, womit er sich hätte forthelfen können. Endlich ging er in das Schloss und fragte, ob sie ihn behalten wollten. Die Hofleute wussten nicht, wozu sie ihn brauchen sollten, aber sie hatten Wohlgefallen an ihm und hießen ihn bleiben. Zuletzt nahm ihn der Koch in Dienst und sagte, er könnte Holz und Wasser tragen und die Asche zusammenkehren. Einmal, als gerade kein anderer zur Hand war, hieß ihn der Koch die Speisen zur königlichen Tafel tragen, da er aber seine goldenen Haare nicht wollte sehen lassen, so behielt er sein Hütchen auf. Dem König war so etwas noch nicht vorgekommen und er sprach:»Wenn du zur königlichen Tafel kommst, musst du deinen Hut abziehen.« –»Ach Herr«, antwortete er,»ich kann nicht, ich habe einen bösen Grind auf dem Kopf.«

Da ließ der König den Koch herbeirufen, schalt ihn und fragte, wie er einen solchen Jungen hätte in seinen Dienst nehmen können, er sollte ihn gleich fortjagen. Der Koch aber hatte Mitleiden mit ihm und vertauschte ihn mit dem Gärtnerjungen.

Nun musste der Junge im Garten pflanzen und begießen, hacken und graben, und Wind und böses Wetter über sich ergehen lassen. Einmal im Sommer, als er allein im Garten arbeitete, war der Tag so heiß, dass er sein Hütchen abnahm und die Luft ihn kühlen sollte. Wie die Sonne auf das Haar schien, glitzerte und blitzte es, dass die Strahlen in das Schlafzimmer der Königstochter fielen und sie aufsprang, um zu sehen, was das wäre. Da erblickte sie den Jungen und rief ihn an:»Junge, bring mir einen Blumenstrauß.« Er setzte in aller Eile sein Hütchen auf, brach wilde Feldblumen ab und band sie zusammen. Als er damit die Treppe hinaufstieg, begegnete ihm der Gärtner und sprach:»Wie kannst du der Königstochter einen Strauß von schlechten Blumen bringen? Geschwind hole andere und suche die schönsten und seltensten aus.« –»Ach nein«, antwortete der Junge,»die wilden riechen kräftiger und werden ihr besser gefallen.« Als er in ihr Zimmer kam, sprach die Königstochter:»Nimm dein Hütchen ab, es ziemt sich nicht, dass du ihn vor mir aufbehältst.« Er antwortete wieder:»Ich darf nicht, ich habe einen grindigen Kopf.« Sie griff aber nach dem Hütchen und zog es ab, da rollten seine goldenen Haare auf die Schultern herab, dass es prächtig anzusehen war. Er wollte fortspringen, aber sie hielt ihn am Arm und gab ihm eine Handvoll Dukaten. Er ging damit fort, achtete aber des Goldes nicht, sondern er brachte es dem Gärtner und sprach: »Ich schenke es deinen Kindern, die können damit spielen.« Den andern Tag rief ihm die Königstochter abermals zu, er sollte ihr einen Strauß Feldblumen bringen und als er damit eintrat, grapste sie gleich nach seinem Hütchen und wollte es ihm wegnehmen, aber er hielt es mit beiden Händen fest. Sie gab ihm wieder eine Handvoll Dukaten, aber er wollte sie nicht behalten und gab sie dem Gärtner zum Spielwerk für seine Kinder. Den dritten Tag ging's nicht anders, sie konnte ihm sein Hütchen nicht wegnehmen und er wollte ihr Gold nicht.

Nicht lange danach ward das Land mit Krieg überzogen. Der König sammelte sein Volk und wusste nicht, ob er dem Feind, der übermächtig war und ein großes Heer hatte, Widerstand leisten könnte. Da sagte der Gärtnerjunge: »Ich bin herangewachsen und will mit in den Krieg ziehen, gebt mir nur ein Pferd.« Die andern lachten und sprachen: »Wenn wir fort sind, so suche dir eins. Wir wollen dir eins im Stall zurücklassen.« Als sie ausgezogen waren, ging er in den Stall und zog das Pferd heraus, es war an einem Fuß lahm und hickelte hunkepuus, hunkepuus. Dennoch setzte er sich auf und ritt fort nach dem dunkeln Wald. Als er an den Rand desselben gekommen war, rief er dreimal »Eisenhans« so laut, dass es durch die Bäume schallte. Gleich darauf erschien der wilde Mann und sprach: »Was verlangst du?« – »Ich verlange ein starkes Ross, denn ich will in den Krieg ziehen.« – »Das sollst du haben und noch mehr, als du verlangst.« Dann ging der wilde Mann in den Wald zurück und es dauerte nicht lange, so kam ein Stallknecht aus dem Wald und führte ein Ross herbei, das schnaubte aus den Nüstern und war kaum zu bändigen. Und hinterher folgte eine große Schar Kriegsvolk, ganz in Eisen gerüstet und ihre Schwerter blitzten in der Sonne. Der Jüngling übergab dem Stallknecht sein dreibeiniges Pferd, bestieg das andere und ritt vor der Schar her. Als er sich dem Schlachtfeld näherte, war schon ein großer Teil von des Königs Leuten gefallen und es fehlte nicht viel, so mussten die übrigen weichen. Da jagte der Jüngling mit seiner eisernen Schar heran, fuhr wie ein Wetter über die Feinde und schlug alles nieder, was sich ihm widersetzte. Sie wollten fliehen, aber der Jüngling saß ihnen auf dem Nacken und ließ nicht ab, bis kein Mann mehr übrig war. Statt aber zu dem König zurückzukehren, führte er seine Schar auf Umwegen wieder zu dem Wald und rief den Eisenhans heraus. »Was verlangst du?«, fragte der wilde Mann. »Nimm dein Ross und deine Schar zurück und gib mir mein dreibeiniges Pferd wieder.« Es geschah alles, was er verlangte, und er ritt auf seinem dreibeinigen Pferd heim. Als der König wieder in sein Schloss kam, ging ihm seine Tochter entgegen und wünschte ihm Glück zu seinem Sieg. »Ich bin es nicht, der den Sieg davongetragen hat«, sprach er, »sondern ein fremder Ritter, der mir mit seiner Schar zu Hilfe kam.« Die Tochter wollte wissen, wer der fremde Ritter wäre, aber der König wusste es nicht und sagte: »Er hat die Feinde verfolgt und ich habe ihn nicht wieder gesehen.« Sie erkundigte sich bei dem Gärtner nach seinem Jungen. Der lachte aber und sprach: »Eben ist er auf seinem dreibeinigen Pferd heimgekommen und die andern haben gespottet und gerufen: ›Da kommt unser Hunkepuus wieder an.‹ Sie fragten auch: ›Hinter welcher Hecke hast du derweil gelegen und geschlafen?‹ Er sprach aber: ›Ich habe das Beste getan und ohne mich wäre es schlecht gegangen.‹ Da ward er noch mehr ausgelacht.«

Der König sprach zu seiner Tochter: »Ich will ein großes Fest ansagen lassen, das drei Tage währen soll, und du sollst einen goldenen Apfel werfen. Vielleicht kommt der Unbekannte herbei.« Als das Fest verkündet war, ging der Jüngling hinaus zu dem Wald und rief den Eisenhans. »Was verlangst du?«, fragte er. »Dass ich den goldenen Apfel der Königstochter fange.« – »Es ist so gut, als hättest du ihn schon«, sagte Eisenhans, »du sollst auch eine rote Rüstung dazu haben und auf einem stolzen Fuchs reiten.« Als der Tag kam, sprengte der Jüngling heran, stellte sich unter die Ritter und ward von niemand erkannt. Die Königstochter trat hervor und warf den Rittern einen goldenen Apfel zu, aber keiner fing ihn als er allein, aber sobald er ihn hatte, jagte er davon. Am zweiten Tag hatte ihn Eisenhans als weißen Ritter ausgerüstet und ihm einen Schimmel gegeben. Abermals fing er allein den Apfel, verweilte aber keinen Augenblick, sondern jagte damit fort. Der König ward bös und sprach: »Das ist nicht erlaubt, er muss vor mir erscheinen und seinen Namen nennen.« Er gab den Befehl, wenn der Ritter, der den Apfel gefangen habe, sich wieder davonmachte, so sollte man ihm nachsetzen und wenn er nicht gutwillig zurückkehrte, auf ihn hauen und stechen. Am dritten Tag erhielt er vom Eisenhans eine schwarze Rüstung und einen Rappen und fing auch wieder den Apfel. Als er aber damit fortjagte, verfolgten ihn die Leute des Königs und einer kam ihm so nahe, dass er mit der Spitze des Schwertes ihm das Bein verwundete. Er entkam ihnen jedoch, aber sein Pferd sprang so gewaltig, dass der Helm ihm vom Kopf fiel und sie konnten sehen, dass er goldene Haare hatte. Sie ritten zurück und meldeten dem König alles.

Am andern Tag fragte die Königstochter den Gärtner nach seinem Jungen. »Er arbeitet im Garten. Der wunderliche Kauz ist auch bei dem Fest gewesen und erst gestern Abend wiedergekommen. Er hat auch meinen Kindern drei goldene Äpfel gezeigt, die er gewonnen hat.« Der König ließ ihn vor sich fordern und er erschien und hatte wieder sein Hütchen auf dem Kopf. Aber die Königstochter ging auf ihn zu und nahm es ihm ab und da fielen seine goldenen Haare über die Schultern und es war so schön, dass alle erstaunten. »Bist du der Ritter gewesen, der jeden Tag zu dem Fest gekommen ist, immer in einer andern Farbe und der die drei goldenen Äpfel gefangen hat?«, fragte der König. »Ja«, antwortete er, »da sind die Äpfel«, holte sie aus der Tasche und reichte sie dem König. »Wenn Ihr noch mehr Beweise verlangt, so könnt Ihr die Wunde sehen, die mir Eure Leute geschlagen haben, als sie mich verfolgten. Aber ich bin auch der Ritter, der Euch zum Sieg über die Feinde geholfen hat.« – »Wenn du solche Taten verrichten kannst, so bist du kein Gärtnerjunge. Sage mir, wer ist dein Vater?« – »Mein Vater ist ein mächtiger König und Goldes habe ich die Fülle und soviel ich nur verlange.« – »Ich sehe wohl«, sprach der König, »ich bin dir Dank schuldig, kann ich dir etwas zu Gefallen tun?« – »Ja,« antwortete er, »das könnt Ihr wohl, gebt mir Eure Tochter zur Frau.« Da lachte die Jungfrau und sprach: »Der macht keine Umstände, aber ich habe schon an seinen goldenen Haaren gesehen, dass er kein Gärtnerjunge ist«, ging dann hin und küsste ihn. Zu der Vermählung kamen sein Vater und seine Mutter, und sie waren in großer Freude, denn sie hatten schon alle Hoffnung aufgegeben, ihren lieben Sohn wiederzusehen. Und als sie an der Hochzeitstafel saßen, da schwieg auf einmal die Musik, die Türen gingen auf und ein stolzer König trat herein mit großem Gefolge. Er ging auf den Jüngling zu, umarmte ihn und sprach: »Ich bin der Eisenhans und war in einen wilden Mann verwünscht, aber du hast mich erlöst. Alle Schätze, die ich besitze, die sollen dein Eigentum sein.«

Märchen der Brüder Grimm

Hühnchen und Kätzchen

Es waren einmal zwei arme Kinder, Bruder und Schwester. Die hatten keine Mutter mehr und ihre Stiefmutter hätte sie am liebsten aus dem Haus gehabt. Eines Tages hatte sie ihren Mann dazu überredet, dass er den Kindern im Wald eine Hütte baue und sie dort hinaus schicke. Als die Hütte fertig war, führte der Vater die Kinder in den Wald hinaus und gab ihnen noch eine Schüssel Asche, eine Schüssel Mehl, einen Krug Öl und ein Hühnchen und ein Kätzchen mit. In der Hütte wohnten nun die Kinder und buken sich alle Tage Aschenpfannkuchen. Das Hühnchen und das Kätzchen aber bekamen die Mehlpfannkuchen. Und so lebten sie friedlich miteinander draußen im Walde. Da kam eines Nachts der Wolf vor die Hütte, klopfte mit seinen Pfoten an die Türe und wollte eingelassen werden. Die Kinder hatten Angst und sagten zu den Tieren: »Hühnchen und Kätzchen, gebt uns doch einen Rat!«

Hühnchen und Kätzchen antworteten: »Sagt dem Wolf, er soll fortgehen und sich ein großes Haus bauen.« Das riefen die Kinder dem Wolf durch die Türe zu. Und er ging wirklich fort und baute sich ein Haus. Es dauerte lange, lange Zeit, bis er damit fertig war.

Als aber eine Zeit vorübergegangen war, kam der Wolf wieder vor die Hütte und verlangte wieder, dass man ihm die Türe öffnete. Voll Schrecken sagten die Kinder wieder zu den Tieren: »Hühnchen und Kätzchen, gebt uns doch einen Rat!«

Hühnchen und Kätzchen antworteten: »Der Wolf soll sein Haus einrichten mit allem, was dazu gehört.« Das sagten die Kinder auch zum Wolf.

Und er ging wirklich fort, richtete sein Haus ein mit allem, was er brauchte. Und bis er damit fertig war, hatten die Kinder Ruhe.

Aber der Wolf kam zum dritten Mal, klopfte an die Tür und wollte eingelassen werden. Voll Angst sagten die Kinder wieder zu den Tieren: »Hühnchen und Kätzchen, gebt uns doch einen Rat!«

Diesmal rieten Hühnchen und Kätzchen den Kindern: »Sagt dem Wolf, er solle nun in seinem Haus alle Zuber und Fässer mit Wasser füllen.«

Auch das dritte Mal ging der Wolf fort und wollte sich gleich an das Wassertragen machen. Aber es war inzwischen Winter geworden und überall war Glatteis. Da rutschte der Wolf aus und brach sich den Hals. Jetzt konnten die Kinder mit Hühnchen und Kätzchen in das große Haus des Wolfes einziehen. Lange Zeit lebten sie dort glücklich und in Freuden.

Der Vater aber hatte zu Hause keine Ruhe mehr, seit er seine Kinder in den Wald geführt hatte. Eines Morgens hielt er es nicht mehr länger aus und machte sich auf den Weg in den Wald, um seine Kinder zu suchen. Als er aber die Hütte gefunden hatte, war sie leer. Er lief im Wald umher und suchte. Und endlich kam er an das große Haus des Wolfes. Er ging hinein und wurde von Bruder und Schwester freundlich aufgenommen. Doch er erkannte seine Kinder nicht wieder. Da er nun von dem langen Suchen müde war, legte er sich auf die Ofenbank und war bald eingeschlafen. Im Schlaf glitt ihm der Arm herunter. Als das der Bruder sah, sagte er zur Schwester: »Leg doch dem Vater den Arm hoch!« Das hörte der Mann beim Erwachen. Nun wusste er zu seiner Freude, dass er seine Kinder wieder gefunden hatte, und er umarmte und küsste sie. Andern Tags ging der Vater glücklich nach Hause zurück und erzählte seiner Frau, dass er die Kinder froh und munter gefunden habe und dass sie in einem großen schönen Waldhaus lebten. Als die Stiefmutter das hörte, wollte sie ihren eigenen Kindern auch ein solches Glück verschaffen. Sie ruhte nicht, bis der Mann auch ihren Kindern im Wald eine Hütte erbaut hatte und ihnen all das mitgab, was seine eigenen bekommen hatten. Sie nahmen also Asche, Mehl und Öl mit und auch Hühnchen und Kätzchen. Aber sie haben den Mehlpfannkuchen für sich gebacken und den Aschenpfannkuchen Hühnchen und Kätzchen gegeben. Und wie dann der Wolf kam, sollten Hühnchen und Kätzchen auch ihnen mit gutem Rat beistehen. Diese sagten aber: »Ihr habt Mehlpfannkuchen gegessen, uns aber habt ihr getreten und gestoßen und uns Aschenpfannkuchen gegeben. Jetzt könnt ihr euch selber raten!« Da wussten sich die Kinder der Frau nicht zu helfen. Der Wolf aber drückte die Türe ein, stürzte sich auf die Kinder und verschlang sie. Am nächsten Tag kam der Vater und wollte sich nach den Kindern umschauen, aber er fand sie nicht mehr und auch Hühnchen und Kätzchen waren verschwunden.

Bruder und Schwester aber lebten glücklich und zufrieden in dem großen Waldhaus bis zum Ende ihrer Tage.

Märchen aus dem Elsass

Der Schäfer und die Prinzessin

Es war einmal ein armer Schäfer. Der hatte drei Söhne. Eines Tages sagte der Älteste: »Vater, ich will fortgehen und mir einen Platz suchen als Schäfer, hier reicht das Brot doch nicht mehr für uns alle.«

»Ja«, antwortete der Vater, »ich bin's zufrieden«, gab ihm etwas Geld, eine Schäferschaufel und ein Stück Brot mit auf den Weg. Nun nahm der Sohn Abschied und ging fort.

Nachdem er eine Weile auf der Straße dahingewandert war, kam er an ein Wirtshaus. Da ließ er sich ein Glas voll Branntwein geben. Der Wirt fragte ihn, wohin denn die Reise ginge. »Ich bin ein armer Schäfer«, sagte der Junge, »ich will mir einen Platz suchen, wo ich mein Brot verdienen kann. Wir sind zu Hause drei Brüder und auch mein Vater ist Schäfer, aber es gibt ja nicht Arbeit für uns alle.«

»Da geht Ihr am besten jetzt durch den Wald«, sagte der Wirt, »bis Ihr am Ende an einen Hof kommt. Dort wird ein Schäfer gesucht.«

Der Bursche trank sein Glas leer und machte sich gleich auf den Weg. Aber er lief zwei Tage im Walde herum, ohne dass er ein Ende fand. Endlich sah er eine kleine grüne Wiese, mitten im dichten Walde und weil er so müde und hungrig war, dachte er: »Da will ich mich einmal ein wenig ausruhen und essen.« Auf einmal stand ein eisgraues Männchen vor ihm und fragte: »Nun, schmeckt's, Junge?«

»Ja«, antwortete der Bursche und aß weiter. »Willst du mir vielleicht etwas abgeben von deiner Mahlzeit, ich habe rechten Hunger«, bat der Alte. Aber der Bursche antwortete: »Nein, von mir könnt Ihr nichts bekommen, ich laufe schon zwei Tage im Walde herum und finde nicht heraus. Ich muss behalten, was ich habe.«

»Du sollst Glück haben damit«, sagte das Männchen nur und war verschwunden.

Als der Bursche gerastet und gegessen hatte, stand er auf und wollte weiter seinen Weg aus dem Walde suchen. Aber wie er so dastand, sah er plötzlich den Hof vor sich liegen. Da war er froh und ging sogleich hin und fragte, ob man keinen Schäfer suche. Ja, sagte man ihm, man suche einen Schäfer und wenn er wolle, solle er nur bleiben. So blieb der Bursche auf dem Hofe. Am anderen Morgen bekam er fünfhundert Schafe zur Weide. Die hütete er nun getreulich acht Tage lang. Als er aber für sie keine Weide mehr fand, wollte er seine Herde dem Walde zutreiben. Doch mit einem Mal wurde er müde. Er setzte sich hin und fiel in einen tiefen Schlaf und als er aufwachte, waren alle seine Schafe verschwunden. Da fing er zu weinen und zu rufen an und suchte die Herde den ganzen Tag, aber kein Schaf war zu finden. Endlich lief er nach Hause und erzählte dort, was geschehen war. Er hätte gesucht und gesucht, aber die Schafe nicht wieder gefunden. Man ging mit ihm und suchte die ganze Nacht, aber kein einziges Schaf war mehr zu sehen. Darauf wurde der Junge ins Gefängnis geworfen.

Eines Tages sagte der mittlere Sohn zu seinem Vater: »Vater, meinem Bruder geht es sicher gut in der Fremde, darum will auch ich fortgehen und mir einen guten Platz als Schäfer suchen.« – »Geh nur«, sagte der alte Schäfer traurig, »dein Bruder ist fortgezogen, jetzt willst auch du fortgehen und keiner von euch wird seinem alten Vater helfen.« Er gab ihm wie dem Bruder Zehrgeld, eine Schäferschaufel und ein Stück Brot mit auf den Weg. Der Bursche nahm Abschied und wanderte fort. Aber es ging ihm nicht anders als seinem älteren Bruder.

Da kam auch der jüngste Sohn zum Vater und sagte zu ihm: »Vater, meinen zwei Brüdern geht es sicher gut in der Fremde. Nun will ich auch fortgehen und mir einen Platz als Schäfer suchen, aber ich will schon wiederkommen und euch dann einen ganzen Beutel voll Spargeld mitbringen.« – »Nein«, sagte der Vater, »dich lasse ich nicht fort, du musst bei mir bleiben, denn wenn auch du in die Fremde gehst, bin ich ganz allein.« Der Junge aber drängte und bettelte so lange, bis der Vater ihn endlich ziehen ließ. »So geh denn in Gottes Namen«, sagte er und gab ihm genau wie den andern Brüdern Zehrgeld, die Schäferschaufel und das Stück Brot. Dann nahm der Junge Abschied und ging frohgemut auf die Wanderschaft.

Als er an das Wirtshaus kam, dachte er sich: »Was habe ich schon, wenn ich einen Zehrpfennig habe«, ging hinein und ließ sich ein Glas Branntwein dafür geben. Der Wirt fragte wieder, wohin die Reise ginge. »Ich bin ein armer Schäfersohn, meine beiden Brüder sind auch Schäfer, aber sie sind schon von zu Hause fortgezogen, um ihr Glück zu machen. Jetzt will ich es auch versuchen und mich als Schäfer verdingen.« – »Da hinter dem Walde steht wohl ein Hof«, sagte der Wirt, »aber ich glaube nicht, dass man dort noch einmal einen fremden Schäfer nimmt, denn dort hatten sie zwei Fremde nacheinander und wurden um all ihre Schafe gebracht.« – »Ich werde sie nicht darum bringen«, antwortete der Junge vergnügt, »ich bin ein guter Schäfer und man wird mich sicher behalten.« Er trank seinen Branntwein aus und machte sich auf den Weg in den Wald. Auch er musste zwei Tage im Walde herumirren. Als er müde und hungrig war, wollte er sich ausruhen und sich stärken. Wie er nun so dasaß und aß, kam auf einmal wieder das kleine eisgraue Männlein daher: »Schmeckt's, Junge?«, fragte es. »Ja, es schmeckt«, antwortete der Junge, »komm, setz dich zu mir und halte mit.« Das Männchen setzte sich zu ihm, langte zu und aß. Als sie gegessen und getrunken hatten, zog es aus seiner Tasche eine kleine Pfeife hervor, die gab das Männlein dem Jungen, und sagte zu ihm: »Wenn es dir einmal schlecht geht, mein Lieber, so denk bloß an mich und blase in die Pfeife.« Der Junge nahm die Pfeife, dankte und steckte sie zu sich. Als er aber aufsah, war das kleine Männchen verschwunden.

Er wollte sich gerade den Weg durch den Wald suchen, da sah er, wie vordem seine beiden Brüder, plötzlich den Bauernhof vor sich liegen. Er ging darauf zu und fragte, ob man dort einen Schäfer brauche.

»Wir wollen keinen Fremden mehr, denn zweimal haben uns fremde Schäfer um alle unsere Schafe gebracht«, sagte man ihm. »Ich bring' euch schon nicht darum«, antwortete der Junge wohlgemut, »nehmt mich nur, ich bin ein tüchtiger Schäfer.« Man nahm ihn nun an und am anderen Morgen bekam er auch fünfhundert Schafe mit auf die Weide. Er hütete sie getreulich acht Tage lang. Als die Schafe keine Weide mehr fanden, dachte er sich: »Ich will sie weiter weg treiben, bis ich neue Plätze finde.« Auf einmal überfiel auch ihn eine tiefe Müdigkeit, er musste sich auf die Erde setzen und schlief sogleich ein.

Als er endlich erwachte, waren all seine Schafe verschwunden. Wie er nun auch zu weinen und zu rufen anfing, da stand auf einmal das kleine eisgraue Männchen vor ihm und sprach: »Warum bist du denn so traurig?« – »Weil ich all meine Schafe verloren habe und sie nicht mehr finden kann«, antwortete der Junge. »Ich habe dir doch eine Pfeife gegeben«, sagte das graue Männchen, »und zu dir gesagt, du sollst pfeifen, wenn es dir schlecht geht.« Dann war es verschwunden. Nun holte der Junge die Pfeife aus der Tasche und blies hinein. Auf einmal sah er tausend Schafe aus dem Walde herauskommen. Da war er glücklich und trieb sie nach Hause. Er erzählte seinem Herrn, er habe fünfhundert Schafe gefunden, die seien wohl von der Herde, welche die andern beiden Schäfer verloren hätten. Da war sein Herr froh und hatte den Jungen gern. Am andern Morgen zog dieser mit den tausend Schafen aus und hütete sie acht Tage lang. Als er aber für sie keine Weide mehr hatte, trieb er sie weiter dem Walde zu. Wieder wurde er vom Schlafe überfallen und wieder waren, als er aufwachte, alle Schafe verschwunden. Da wurde ihm das Herz schwer und er dachte bei sich: Jetzt habe ich tausend Schafe gehabt und nun sind sie alle verschwunden. Aber schon stand das kleine graue Männchen wieder vor ihm und sprach:»Weine doch nicht, ich komme ja wieder, dir zu helfen. Denk doch an mich und blas in die Pfeife.« Der Junge holte die Pfeife aus der Tasche und blies hinein. Wie er aufsah, war das Männchen schon wieder verschwunden, aber aus dem Wald sah er viele hundert Schafe kommen und als er sie zählte, waren es fünfzehnhundert. Da war er glücklich und froh, schmückte sie mit Bändern und Blättern, band ihnen Sträuße auf den Kopf und trieb sie nach Hause.

Als er mit seinen vielen Schafen vor den Hof kam, fing er vor lauter Freude an, auf seiner Hirtenflöte zu blasen. Wie die Leute vom Hofe ihn aber flöten hörten, mussten sie mit einemmale alle anfangen zu tanzen, der Bauer und die Bäuerin, der Knecht und die Magd, die Schafe und das Vieh im Stall und der Kochtopf auf dem Herde dazu. Bald aber konnten sie nicht mehr vor Müdigkeit und baten den Jungen, dass er doch mit dem Blasen aufhöre. Als der Junge aufgehört hatte, waren sie alle wieder still wie zuvor. Der Herr aber ging zu ihm hin und versprach ihm seine Tochter zur Frau. Dann ließ er ein Freudenmahl ausrichten, denn die Hochzeit sollte schon am nächsten Tag gefeiert werden.

Am Abend, als der Junge gerade schlafen gegangen war, stand auf einmal das kleine graue Männchen vor ihm in der Kammer und sprach:»Die Tochter deines Herrn sollst du nicht heiraten, ich will dir eine andere Frau verschaffen. Gib mir jetzt meine Pfeife zurück und ich werde dir einen Stecken dafür geben. Dann gehst du in den Wald und schlägst damit an einen Baum. Sogleich wird ein schneeweißes Pferd herausspringen. Daran hängen Soldatenkleider, ein Schwert und ein Spieß. Leg nur die Schäferkleider ab und zieh die Uniform an, dann setzt du dich auf das Pferd und reitest vors Königsschloss. Im Hof des Schlosses hängt ein Ring unterm Tor. Die Königstochter aber hat zwei Freier, die stechen nach dem Ring. Wer seinen Spieß nun zum ersten Mal in den Ring zu werfen vermag, der wird die Prinzessin bekommen. Die beiden aber werden sie nicht bekommen, denn du wirst unerwartet in den Kreis hineinsprengen und deinen Spieß mitten in den Ring hineinwerfen. Dann reitest du, so schnell du kannst, in den Wald zurück, ziehst die Schäferkleider wieder an und gehst zu deinen Schafen.« Der Junge tat alles, was das Männchen ihn geheißen und warf auch wirklich den Spieß mitten in den Ring. Dann sprengte er wie der Wind dem Walde zu.

Der Speer saß nun wohl im Ring, aber der unbekannte Freier war nirgends zu finden. »Wartet nur«, sagte die Königstochter, »ich werde ihn finden, noch sind es zwei Nächte bis zur Hochzeit.«

Am Abend aber kam das kleine Männchen wieder in die Kammer des Jungen und sprach: »Nimm diesen Stock und geh in den Wald. Wenn du diesmal an den Baum schlägst, wird ein kohlschwarzes Pferd hervorspringen, mit Degen und Spieß und Soldatenkleidern am Sattel. Dann musst du schnell vor das Königsschloss reiten und noch einmal den Ring stechen! Du wirst wieder die Königstochter gewinnen und sonst keiner. Aber du musst dann sogleich dem Walde zureiten wie gestern.« Der Junge ging also in den Wald, fand alles so, wie das Männchen gesagt hatte und sprengte vors Königsschloss. Er warf seinen Speer wieder mitten in den Ring. So plötzlich, wie er gekommen, war er verschwunden.

Verwundert sagte der König: »Was soll das bedeuten? Zuerst war es ein Reiter auf weißem und nun einer auf schwarzem Pferd? Zwei Freier aber, die den Ring gestochen haben, sind zu viel, denn meine Tochter kann nicht zwei Männer heiraten. Es ist noch eine Nacht bis zur Hochzeit und wer da den Ring stechen wird, der soll meine Tochter zur Frau haben. Versucht er aber wieder fortzusprengen, so will ich ihn niederstechen oder totschießen lassen, denn ich will ihn sehen, tot oder lebendig.«

Am Abend aber stand das Männchen zum dritten Mal in der Kammer des Jungen und diesmal sprach es: »Jetzt wirst du noch einmal in den Wald gehen und an den Baum schlagen. Diesmal springt ein fuchsrotes Pferd heraus. Aber gib acht, es wird hart werden. Doch ich helfe dir. Sobald du wieder den Ring gestochen hast, musst du noch schneller als die beiden anderen Male davonsprengen. Sie wollen dich nämlich erstechen oder totschießen, wenn sie dich nicht fangen können.« Da sagte der Junge, nun fürchte er sich. »Du musst dich nicht fürchten«, antwortete das Männchen, »ich werde dir helfen.« Dann verschwand es. Der Junge ging also wieder in den Wald, fand sein fuchsrotes Pferd und neue Kleider und sprengte zum dritten Male vors Königsschloss. Als er gerade den Spieß in den Ring geworfen hatte, stach ihn die Königstochter mit einem Speer ins Bein. Doch der Junge war verschwunden, ehe sie ihn fangen konnte.

Da begann die Prinzessin zu weinen und klagte: »Nun hab' ich meinen Freier doch verloren. Aber ich will mich aufmachen und den Blutstropfen nachgehen, bis ich ihn finde.« So kam sie bis an des Bauern Hof. Dort klopfte sie an die Türe und sagte: »Bei euch ist mein Mann.« Da antwortete der Herr: »Hier ist niemand als meine Frau, Knecht und Magd und der Schäfer.« Die Prinzessin aber bestand darauf, dass die Blutstropfen auf der Schwelle von ihrem Mann seien und darum müsse er im Hofe sein. Sie ging ins Haus, immer den Blutstropfen nach und kam so bis in die Kammer des Jungen. Dort fand sie ihn auch im Bette liegen, nahm die Decke ab und sah an seinem Bein die Wunde, die sie ihm zugefügt hatte. Nun fragte sie ihn, wer er wäre. Der Junge sagte, er wäre ein Schäfer und eines Schäfers Sohn. Da lief die Prinzessin zu ihrem Vater und weinte: »Oh, Vater, ich glaubte, ich hätte einen Königssohn zum Manne und jetzt muss ich eines Schäfers Sohn heiraten.« – »Tröste dich, mein Kind«, sagte der König, »das soll nicht geschehen, denn ich werde ihn ins Gefängnis werfen lassen.« Und er sandte seine Soldaten aus, den Schäfer zu holen. Als nun der Junge wirklich ins Gefängnis geführt wurde, sah er seine zwei Brüder dort in Ketten liegen. Da taten sie ihm in der Seele leid und er dachte bei sich: »An allem ist niemand anders schuld als das graue Männchen.« Wie er nun so trauerte und klagte, sprangen auf einmal alle Türen auf, die Schlösser fielen ab und die Ketten zerbrachen. Vor ihm aber stand plötzlich wieder das eisgraue Männchen. Es trug einen Stock in der Hand und sagte: »Geh mit diesem Stock in den Wald hinaus und schlage damit an die Bäume und alle Bäume werden sofort zu Soldaten werden. Darauf zieh mit ihnen vor das Königsschloss und gib dem König einen Tag und eine Nacht Bedenkzeit, dir seine Tochter zu geben, und wenn er sie dir nicht geben will, so sag ihm, du würdest sein Schloss zerstören.« Der Junge fand alles so, wie das Männchen gesagt hatte. Er zog also mit all seinen Soldaten vor das Königsschloss. Dort läutete er an der Glocke, des Königs Diener fragte nach seinem Begehr. Der Junge antwortete, er wolle mit dem König reden. Da ging der Diener zum König und sagte: »Herr König, ein fremdes Heer steht vor dem Tore.« Nun ging der König selbst, um nachzusehen, was es gebe. »Bin ich ein Schäfer«, rief der Junge, als er den König sah, »schau meine Soldaten an, dann siehst du, dass ich ein König bin. Lieber Schwiegervater, ich gebe dir einen Tag und eine Nacht Zeit, mir deine Tochter zu geben, aber wenn du sie mir dann nicht geben willst, so werde ich dein Schloss zerstören. Zähle nur mein Heer.« Da schaute der König die vielen Soldaten an und sagte: »Nun gut, du sollst sie haben.« So ritt der Junge mit seinen Truppen wieder in den Wald zurück und als jeder Soldat wieder an seiner Stelle stand, da wurden sie wieder zu Bäumen wie ehedem.

Der Junge aber zog seine Schäferkleider wieder an und ging vors Königsschloss. Als er nun die Königstochter heiraten wollte, sah ihn der König an und sagte: »Du bist doch ein Schäfer und kein König und du bekommst meine Tochter nicht.« Und er ließ ihn noch einmal ins Gefängnis werfen. In der Nacht aber, als der Junge zum zweiten Mal traurig im

Kerker saß, stand das Männchen wiederum da und sprach: »Jetzt gehst du zum letzten Mal in den Wald und schlägst mit dem Stock auf alle Bäume, alle Büsche und auf alle Hecken und es sollen so viele Soldaten herauskommen, wie der König noch nie gesehen hat. Dann ziehst du vors Königsschloss und bittest den König noch einmal um seine Tochter und diesmal wird er sie dir geben.« Der Junge fand wieder alles so, wie das Männchen gesagt hatte. Als er aber mit den vielen, vielen Soldaten vor das Königsschloss gezogen kam, ging ihm der König schon selbst entgegen und rief: »Führe deine Soldaten wieder heim, ich will dir meine Tochter zur Frau geben, wenn du auch nur ein Schäfer bist und kein König.« – »Ich bin kein Schäfer«, antwortete der Junge, »schau nur meine Soldaten an.« Nun nahm ihn der König mit ins Schloss und legte seiner Tochter Hand in die des Jungen. Da heiratete der Schäfer die Prinzessin.

Nach der Hochzeit aber sagte der Junge zum König: »Herr Schwiegervater, jetzt wollen wir mit Euch zu meinem Vater fahren.« Da lud der Junge zwei Wagen voll mit Silber und Gold und fuhr mit seiner Frau und dem König nach Hause. Als er seinen alten Vater wiedersah, umarmte er ihn und sagte: »Lieber Vater, habe ich Euch nicht versprochen, dass ich Euch mein Spargeld bringe? Jetzt geht hinaus, da stehen zwei Wagen mit Silber und Gold, die sind für Euch.« Der Vater ging vor die Türe, da sah er wirklich zwei Wagen stehen, die waren voll beladen mit Gold und Silber. Der Junge aber fuhr fort: »Ich habe auch meine zwei Brüder wiedergesehen, die sind im Turm gefangen und morgen gehe ich, sie zu holen.« Darauf zeigte er seinem Vater den König, der vor der Türe stand, und die Prinzessin. »Das ist meine Frau«, sagte er vergnügt, »das ist mein Schwiegervater.« Alsdann nahmen sie Abschied und fuhren auf das Schloss zurück und lebten glücklich bis an ihr Ende.

Märchen aus Lothringen

Die Hennenkrippe

Ein Knabe und ein Mädchen pflückten Erdbeeren und verirrten sich im Wald. Es fiel die Nacht ein und die beiden wussten nicht mehr, wo aus und ein. Plötzlich schimmerte ihnen ein Licht entgegen und sie liefen darauf zu und kamen in die Hütte der Waldfänkin.

Ihr klagten sie, wie sie sich beim Erdbeerenpflücken im Wald verirrt hatten und nun den Weg zur Mutter nicht mehr wussten. Die Wildfrau hörte aufmerksam zu, packte sie dann und sperrte sie in die Hennenkrippe.

Bald kam der Wilde Mann in die Hütte und schnupperte aus weit geöffneten Nasenlöchern und wandte sein unförmiges, breites Gesicht der Hennenkrippe zu. »I schmeck, i schmeck Menschenfleisch«, grinste er. »Du Narr«, entgegnete die Waldfänkin, »du schmeckst nu Hennadreck.« Der Wilde gab sich damit zufrieden und trottete brummend aus der Hütte.

Darauf öffnete die Waldfänkin die Hennenkrippe, ließ die Kinder heraus und brachte sie auf den Weg, der schnurstracks heim zur Mutter führte.

Ihr könnt euch denken, wie viel der Knabe und das Mädchen vom finstern Wald, vom Wilden Mann und von der Waldfänkin, durch deren List sie gerettet wurden, der Mutter zu erzählen haben.

Märchen aus der Schweiz

Von den Burschen, die im Hedalswald die Trolle trafen

In einer Hütte droben in Vaage im Gudbrandstal wohnte vor Zeiten ein altes Ehepaar. Viele Kinder hatten die beiden und zwei halbwüchsige Söhne mussten stets in der Gegend herumgehen und betteln. Daher waren sie mit Wegen und Stegen gut vertraut und wussten auch den Richtweg nach Hedal. Eines Tages wollten sie wieder dorthin. Da sie aber gehört hatten, dass Falkenfänger sich bei Mäla eine Hütte gebaut hatten, beschlossen sie, gleichzeitig da vorbeizugehen und sich die Vögel anzuschauen, auch wie man sie fing. Daher nahmen sie den Richtweg übers Lange Moor. Nun war es schon spät im Herbst, und die Mägde waren mit ihren Kühen von den Hochgebirgswiesen längst zurück. Daher konnten sie dort nirgends Essen oder Obdach bekommen. Sie mussten also auf dem Weg nach Hedal immer weiterlaufen. Doch das war nichts weiter als ein schmaler Viehpfad und als die Dunkelheit hereinbrach, kamen sie vom Wege ab. Die Hütte der Vogelfänger fanden sie auch nicht, und ehe sie sich's versahen, waren sie mitten im tiefsten Wald von Bjölstad. Als sie merkten, es ging nicht mehr weiter, schlugen sie mit ihrem Beil Tannenzweige ab, bauten daraus eine Schutzhütte und zündeten ein Feuer an. Dann rupften sie Heidekraut und Moos aus und machten sich ein Lager daraus. Kaum hatten sie ein Weilchen gelegen, da hörten sie plötzlich lautes Schnauben und Schnüffeln. Sie fuhren hoch, lauschten und überlegten, ob's Tiere oder gar Waldtrolle waren, die da rumorten. Aber da wurde das Schnüffeln noch stärker und eine Stimme rief: »Ha, ich rieche Menschenfleisch!« Darauf hörten sie schwere

Schritte, dass die Erde erzitterte, und nun wussten sie, dass Trolle unterwegs waren. »Um Gottes willen, was sollen wir jetzt tun?«, flüsterte der Jüngere seinem Bruder zu.

»Bleib nur ruhig unter der Föhre! Halte dich bereit und nimm unsere Schnappsäcke, damit wir ausreißen können! Ich nehme das Beil!«, sagte der andere.

Im selben Augenblick sahen sie, wie die Trolle herangestampft kamen und sie waren so gewaltig groß, dass ihre Köpfe bis zu den Baumwipfeln reichten. Drei waren's, aber alle zusammen hatten sie nur ein Auge und das gebrauchten sie abwechselnd. Jeder hatte an der Stirn ein Loch, dahinein legten sie es und richteten es mit der Hand aus. Der voranging, musste es stets haben, und die beiden andern trotteten hinterher und hielten sich am Vordermann fest. »Lauf los«, rief der ältere der Burschen, »aber spring nicht so weit, ehe du siehst, wie's geht! Da das Auge so weit oben sitzt, fällt es ihnen schwer, mich zu erkennen, wenn ich mich von hinten an sie heranmache.« Nun, der Bruder lief davon und die Trolle trabten ihm nach. Unterdessen ging der ältere Bursche mit dem Beil auf sie los und hieb dem hintersten ins Fußgelenk. Der stieß gleich ein schreckliches Geschrei aus und der erste Troll ließ vor Schreck sein Auge fallen. Schnell war der Bursche bei der Hand und erhaschte es. Es war größer als zwei gegen einander gelegte Tassen und glänzte so hell, dass der Bursche, als er hindurchschaute, alles so deutlich sah wie am lichten Tag, obwohl doch ringsum stockfinstere Nacht war.

Als die Trolle merkten, dass er ihnen das Auge weggenommen und einen von ihnen verwundet hatte, drohten sie, ihm alles erdenklich Böse anzutun, wenn er nicht augenblicklich das Auge zurückgäbe.

»Ich fürchte mich nicht vor euch Trollen und auch nicht vor euren Verwünschungen!«, rief der Bursche. »Jetzt habe ich allein drei Augen und ihr habt keins; außerdem müssen zwei von euch auch noch den dritten tragen!« − »Bekommen wir nicht sofort unser Auge zurück, verwandeln wir dich in einen Stein!«, schrien die Trolle. Aber der Bursche meinte, das ginge wohl nicht so schnell, er fürchte sich nicht vor Prahlerei und Zauberei, rief er. Und wenn sie ihn nicht zufriedenließen, wolle er auf sie loshauen, dass sie wie Gewürm am Boden kröchen.

Als die Trolle das hörten, wurde ihnen angst und bange und sie gaben ihm gute Worte. Gar schön baten sie, ihnen doch das Auge wiederzugeben, dann würde er Gold und Silber bekommen, alles, was er sich wünsche. Nun, das gefiel dem Burschen nicht übel, aber er wollte das Gold und Silber doch lieber zuerst haben. Und so sagte er, wenn einer der Trolle heimginge und so viel Gold und Silber holte, dass er und sein Bruder ihre Säcke damit füllen könnten und wenn sie überdies noch zwei stählerne Flitzbögen bekämen, dann wolle er ihnen ihr Auge zurückgeben, aber bis dahin müsse er's behalten.

Da fingen die Trolle an zu jammern und sagten, keiner könne ja in ihre Behausung gehen, wenn sie nicht das Auge hätten, mit dem sie sehen müssten. Dann aber brüllte einer in den Wald hinein, um die Frau zu rufen, denn alle drei zusammen hatten auch eine Trollfrau. Nach einer Weile kam die Antwort von einer weit, weit entfernten Bergkuppe im Norden.

Da riefen ihr die Trolle zu, sie möge zwei stählerne Flitzbögen und zwei Eimer voll Gold und Silber mitbringen und nun dauerte es gar nicht lange, da war die Trollfrau zur Stelle. Als sie begriff, was sich zugetragen hatte, drohte sie zuerst mit allerlei Zauberkunst. Aber ängstlich sagten ihr die Trolle, sie möge sich nur vor der kleinen Wespe in Acht nehmen, sonst verlöre auch sie noch ihr Auge. Da warf sie denn den Burschen die Eimer voll Gold und Silber und die Flitzbögen vor die Füße und zog mit den Trollen heimwärts und seit dieser Zeit hat keiner mehr davon gehört, dass im Hedalswald Trolle umgegangen seien und Menschenfleisch gewittert hätten.

Norwegisches Märchen

Das Waldhaus

Ein armer Holzhauer lebte mit seiner Frau und drei Töchtern in einer kleinen Hütte an dem Rande eines einsamen Waldes. Eines Morgens, als er wieder an seine Arbeit wollte, sagte er zu seiner Frau: »Lass mir ein Mittagsbrot von dem ältesten Mädchen hinaus in den Wald bringen, ich werde sonst nicht fertig. Und damit es sich nicht verirrt«, setzte er hinzu, »so will ich einen Beutel mit Hirse mitnehmen und die Körner auf den Weg streuen.« Als nun die Sonne mitten über dem Walde stand, machte sich das Mädchen mit einem Topf voll Suppe auf den Weg. Aber die Feld- und Waldsperlinge, die Lerchen und Finken, Amseln und Zeisige hatten die Hirse schon längst aufgepickt und das Mädchen konnte die Spur nicht finden. Da ging es auf gut Glück immer fort, bis die Sonne sank und die Nacht einbrach. Die Bäume rauschten in der Dunkelheit, die Eulen schnarrten, und es fing an, ihm angst zu werden. Da erblickte es in der Ferne ein Licht, das zwischen den Bäumen blinkte. »Dort sollten wohl Leute wohnen«, dachte es, »die mich über Nacht behalten«, und ging auf das Licht zu. Nicht lange, so kam es an ein Haus, dessen Fenster erleuchtet waren. Es klopfte an und eine raue Stimme rief von innen: »Herein!« Das Mädchen trat auf die dunkle Diele und pochte an die Stubentür. »Nur herein«, rief die Stimme und als es öffnete, saß da ein alter, eisgrauer Mann an dem Tisch, hatte das Gesicht auf die beiden Hände gestützt und sein weißer Bart floss über den Tisch herab fast bis auf die Erde. Am Ofen aber lagen drei Tiere, ein Hühnchen, ein Hähnchen und eine buntgescheckte Kuh. Das Mädchen erzählte dem Alten sein Schicksal und bat um ein Nachtlager. Der Mann sprach:

»Schön Hühnchen,
schön Hähnchen
und du, schöne bunte Kuh,
was sagst du dazu?«

»Duks!«, antworteten die Tiere, und das musste wohl heißen:
»Wir sind es zufrieden«, denn der Alte sprach weiter: »Hier
ist Hülle und Fülle, geh hinaus an den Herd und koch uns ein
Abendessen. Das Mädchen fand in der Küche Überfluss an
allem und kochte eine gute Speise, aber an die Tiere dachte es
nicht. Es trug die volle Schüssel auf den Tisch, setzte sich zu
dem grauen Mann, aß und stillte seinen Hunger. Als es satt
war, sprach es: »Aber jetzt bin ich müde, wo ist ein Bett, in das
ich mich legen und schlafen kann?« Die Tiere antworteten:

»Du hast mit ihm gegessen,
du hast mit ihm getrunken,
du hast an uns gar nicht gedacht,
nun sieh auch, wo du bleibst die Nacht.«

Da sprach der Alte: »Steig nur die Treppe hinauf, so wirst du
eine Kammer mit zwei Betten finden, schüttle sie auf und decke
sie mit weißem Linnen, so will ich auch kommen und mich
schlafen legen.« Das Mädchen stieg hinauf, und als es die Betten
geschüttelt und frisch gedeckt hatte, da legte es sich in das eine,
ohne weiter auf den Alten zu warten. Nach einiger Zeit aber kam
der graue Mann, beleuchtete das Mädchen mit dem Licht und
schüttelte den Kopf. Und als er sah, dass es fest eingeschlafen
war, öffnete er eine Falltüre und ließ es in den Keller sinken.

Der Holzhauer kam am späten Abend nach Haus und
machte seiner Frau Vorwürfe, dass sie ihn den ganzen Tag habe
hungern lassen. »Ich habe keine Schuld«, antwortete sie, »das
Mädchen ist mit dem Mittagessen hinausgegangen, es muss
sich verirrt haben, morgen wird es schon wiederkommen.« Vor

Tag aber stand der Holzhauer auf, wollte in den Wald, verlangte, die zweite Tochter solle ihm diesmal das Essen bringen. »Ich will einen Beutel mit Linsen mitnehmen«, sagte er, »die Körner sind größer als Hirse, das Mädchen wird sie besser sehen und kann den Weg nicht verfehlen.« Zur Mittagszeit trug auch das Mädchen die Speise hinaus, aber die Linsen waren verschwunden, die Waldvögel hatten sie, wie am vorigen Tag, aufgepickt und keine übriggelassen. Das Mädchen irrte im Walde umher, bis es Nacht ward, da kam es ebenfalls zu dem Haus des Alten, ward hereingerufen und bat um Speise und Nachtlager. Der Mann mit dem weißen Barte fragte wieder die Tiere:

>»Schön Hühnchen,
>schön Hähnchen
>und du, schöne bunte Kuh,
>was sagst du dazu?«

Die Tiere antworteten abermals: »Duks!«, und es geschah alles wie am vorigen Tag. Das Mädchen kochte eine gute Speise, aß und trank mit dem Alten und kümmerte sich nicht um die Tiere. Und als es sich nach seinem Nachtlager erkundigte, antworteten sie:

>»Du hast mit ihm gegessen,
>du hast mit ihm getrunken,
>du hast an uns gar nicht gedacht,
>nun sieh auch, wo du bleibst die Nacht.«

Als es eingeschlafen war, kam der Alte, betrachtete es mit Kopfschütteln und ließ es in den Keller hinab. Am dritten Morgen sprach der Holzhacker zu seiner Frau: »Schick unser jüngstes Kind mit dem Essen hinaus, das ist immer gut und gehorsam gewesen, das wird auf dem rechten Weg bleiben und nicht wie seine Schwestern, die wilden Hummeln, herumschwärmen.« Die Mutter wollte nicht und sprach: »Soll ich mein liebstes Kind auch noch verlieren?« – »Sei ohne Sorge«, antwortete er, »das Mädchen verirrt sich nicht, es ist zu klug und verständig, zum Überfluss will ich Erbsen mitnehmen und ausstreuen, die sind noch größer als Linsen und werden ihm den Weg zeigen.« Aber als das Mädchen mit dem Korb am Arm hinauskam, so hatten die Waldtauben die Erbsen schon im Kropf und es wusste nicht, wohin es sich wenden sollte. Es war voll Sorgen und dachte beständig daran, wie der arme Vater hungern und die gute Mutter jammern würde, wenn es ausblieb. Endlich, als es finster ward, erblickte es das Lichtchen und kam an das Waldhaus. Es bat ganz freundlich, sie möchten es über Nacht beherbergen und der Mann mit dem weißen Bart fragte wieder seine Tiere:

> »Schön Hühnchen,
> schön Hähnchen
> und du, schöne bunte Kuh,
> was sagst du dazu?«

»Duks!«, sagten sie. Da trat das Mädchen an den Ofen, wo die Tiere lagen und liebkoste Hühnchen und Hähnchen, indem es mit der Hand über die glatten Federn hinstrich und die bunte Kuh kraulte es zwischen den Hörnern. Und als es auf Geheiß des Alten eine gute Suppe bereitet hatte und die Schüssel auf dem Tisch stand, so sprach es: »Soll ich mich sättigen und die guten Tiere sollen nichts haben? Draußen ist die Hülle und Fülle, erst will ich für sie sorgen.« Da ging es, holte Gerste und streute sie dem Hühnchen und Hähnchen vor und brachte der Kuh wohlriechendes Heu, einen ganzen Arm voll.

»Lasst es euch schmecken, ihr lieben Tiere«, sagte es, »und wenn ihr durstig seid, sollt ihr auch einen frischen Trunk haben.«

Dann trug es einen Eimer voll Wasser herein und Hühnchen und Hähnchen sprangen auf den Rand, steckten den

Schnabel hinein und hielten den Kopf dann in die Höhe, wie die Vögel trinken, und die bunte Kuh tat auch einen herzhaften Zug. Als die Tiere gefüttert waren, setzte sich das Mädchen zu dem Alten an den Tisch und aß, was er ihm übriggelassen hatte. Nicht lange, so fing das Hühnchen und Hähnchen an, das Köpfchen zwischen die Flügel zu stecken und die bunte Kuh blinzelte mit den Augen. Da sprach das Mädchen: »Sollen wir uns nicht zur Ruhe begeben?«

»Schön Hühnchen,
schön Hähnchen
und du schöne, bunte Kuh,
was sagst du dazu?«

Die Tiere antworteten:

»Duks, du hast mit uns gegessen,
du hast mit uns getrunken,
du hast uns alle wohlbedacht,
wir wünschen dir eine gute Nacht.«

Da ging das Mädchen die Treppe hinauf, schüttelte die Federkissen und deckte frisches Linnen auf, und als es fertig war, kam der Alte und legte sich in das eine Bett und sein weißer Bart reichte ihm bis an die Füße. Das Mädchen legte sich in das andere, tat sein Gebet und schlief ein.

Es schlief ruhig bis Mitternacht, da ward es so unruhig in dem Hause, dass das Mädchen erwachte. Da fing es an, in den Ecken zu knittern und zu knattern und die Türe sprang auf und schlug an die Wand. Die Balken dröhnten, als wenn sie aus ihren Fugen gerissen würden und es war, als wenn die Treppe herabstürzte und endlich krachte es, als wenn das ganze Dach zusammenfiele. Da es aber wieder still ward und dem Mädchen nichts zuleid geschah, so blieb es ruhig liegen und schlief wieder ein. Als es aber am Morgen bei hellem Sonnenschein aufwachte, was erblickten seine Augen? Es lag in einem großen Saal und ringsumher glänzte alles in königlicher Pracht. An den Wänden wuchsen auf grünseidenem Grund goldene Blumen in die Höhe, das Bett war von Elfenbein und die Decke darauf von rotem Samt und auf einem Stuhl daneben stand ein Paar mit Perlen bestickte Pantoffeln. Das Mädchen glaubte, es wäre ein Traum, aber es traten drei reichgekleidete Diener herein und fragten, was es zu befehlen hätte. »Geht nur«, antwortete das Mädchen »ich will gleich aufstehen und dem Alten eine Suppe kochen und dann auch schön Hühnchen, schön Hähnchen und die schöne bunte Kuh füttern.« Es dachte, der Alte wäre schon aufgestanden und sah sich nach seinem Bette um, aber er lag nicht darin, sondern ein fremder Mann. Und als es ihn betrachtete und sah, dass er jung und schön war, erwachte er, richtete sich auf und sprach: »Ich bin ein Königssohn und war von einer bösen Hexe verwünscht worden, als ein alter, eisgrauer Mann in dem Wald zu leben, niemand durfte um mich sein als meine drei Diener in der Gestalt eines Hühnchens, eines Hähnchens und einer bunten Kuh. Und nicht eher sollte die Verwünschung aufhören, als bis ein Mädchen zu uns käme, so gut von Herzen, dass es nicht nur gegen die Menschen allein, sondern auch gegen die Tiere sich liebreich bezeigte und das bist du gewesen, heute um Mitternacht sind wir durch dich erlöst und das alte Waldhaus ist wieder in meinen königlichen Palast verwandelt worden.« Und als sie aufgestanden waren, sagte der Königssohn den drei Dienern, sie sollten hinausfahren, Vater und Mutter des Mädchens zur Hochzeit herbeiholen. »Aber wo sind meine zwei Schwestern?«, fragte das Mädchen. »Die habe ich in den Keller gesperrt, morgen sollen sie in den Wald geführt werden und sollen bei einem Köhler so lange als Mägde dienen, bis sie sich gebessert haben und auch die armen Tiere nicht hungern lassen.«

Märchen der Brüder Grimm

Das Rotkäppchen

Es war einmal ein kleines Mädchen, ein herziges Ding, das alle Welt liebhatte. Am liebsten hatte es die Großmutter, die kaufte ihm ein Mäntelchen mit einer roten Kapuze daran, und danach hieß es Rotkäppchen. Eines Tages, da die Mutter Kuchen gebacken, sagte sie zu Rotkäppchen: »Rotkäppchen, die Großmama ist krank, geh hin und erkundige dich, wie es ihr geht, und bringe ihr hier von den schönen Kuchen, solange sie noch frisch sind, und etwas Wein und Butter dazu und allerlei gute Sachen, die ich in das Körbchen packe.«

Rotkäppchen ging immer gerne zur Großmutter, obwohl es ein langer Weg war, denn man weiß es ja, wie die Großmütter die Enkelchen lieben, und das Enkelchen möcht ich sehen, das nicht auch die Großmutter liebhätte.

Ehe es ging, sagte noch die Mutter: »Kind, Kind, gehe immer geradeaus, sieh nicht rechts, nicht links, und lasse dich durch niemanden vom geraden Weg ablocken!«

So ungefähr sagen ja die Mütter immer, wenn die Töchter hinausgehen. Manchmal nützt es, öfter auch nicht, denn die besten Reden sind ja aus Luft gemacht.

Wie Rotkäppchen in den Wald kam, begegnete ihr der Gevatter Wolf. Sie hatte keine Angst, denn sie war ein unschuldiges Ding, das noch nicht wusste, was ein Wolf ist. Er aber verstand sich ganz wohl auf einen guten Bissen, und er hätte sie am liebsten gleich aufgefressen, wenn nicht Leute in der Nähe gewesen wären, die er fürchtete. Da machte er sich so an sie, wie man zu tun pflegt, mit gleichgültigen und freundlichen Reden.

»Guten Morgen, Rotkäppchen! Wohin des Weges?«

»Danke schönstens! Ich gehe zur Großmutter, die ist krank,

und ich bringe ihr frischgebackene Kuchen von meiner Mutter und Butter und Wein und allerlei gute Sachen.«

»Wohnt sie weit von hier, deine Großmutter?«

»O ja, recht weit, hinter dem Walde, an der Mühle vorbei, im ersten Hause vor dem Dorfe.«

»Nun, da sie krank ist«, sagte der Wolf und legte fromm die beiden Vordertatzen ineinander, »nun, da sie krank ist, will ich sie auch besuchen. Ich mache gerne Krankenbesuche, tröste die Leidenden und spreche ihnen von Gottes Wort. Gehe du nur geradeaus, liebes Rotkäppchen, sieh nicht rechts, nicht links und lasse dich durch niemand vom geraden Weg ablocken. Ich will nur noch einen Krankenbesuch machen, dann komme ich dir nach.«

Der gute Wolf, dachte Rotkäppchen, er spricht gerade wie meine Mutter. Aber wie viel muss er zu tun haben, wenn er alle Leidenden trösten will. Es gibt doch recht gute Seelen! Und wie er sich beeilt, um Gutes zu tun! Läuft er doch, als könnte er es nicht erwarten. Während sie so dachte, lief der Wolf in der Tat, was er laufen konnte, aber nur um Rotkäppchen einen Vorsprung abzugewinnen und vor ihr bei der Großmutter anzukommen.

Rotkäppchen sah viele schöne Blumen im Walde stehen, die pflückte sie und steckte sie in die Butter und in die Kuchen. Dann wand sie Kränzchen und schlang sie um die Flasche, um alles recht schön aufzuputzen. Dann guckte sie manchem Vöglein ins Nest und wunderte sich, wie die Jungen die gelben Schnäbel so weit aufmachten. Sie brach kleine Kuchenstücke ab und steckte sie ihnen hinein.

So, dachte sie, tue ich auch etwas Gutes, denn die Vöglein sind gewiss hungrig. Wein darf ich ihnen nicht geben, ich bekomme ja auch keinen, denn er ist nicht für die Jugend.

Der Wolf hatte indessen seine Zeit nicht verloren mit Blumenpflücken, Kränzleinwinden, Nestleingucken – denn die Bosheit eilt, als ging's ins Paradies – und war vor dem Hause der Großmutter angekommen und klopfte an die Türe: Top! Top!

»Wer ist draußen?«, fragte die Großmutter mit ihrer schwachen Stimme.

»Ich bin es, das Rotkäppchen. Ich bringe dir Wein und Kuchen und allerlei gute Sachen.«

»Drücke die Klinke, und sie wird springen!«

Der Wolf drückte die Klinke, und sie sprang, und er warf sich auf die arme Großmutter und verschlang sie in einer Minute, als wäre es nichts. Dann tat er ihre Kleider an, setzte ihre Haube auf, zog sie tief ins Gesicht, schloss die Türe, legte sich in das warme Bett und wartete.

Hat schon die alte magere Großmutter gut geschmeckt, dachte er, wie wird erst das appetitliche Rotkäppchen schmecken. Ich sehne mich nach ihr, ich liebe sie zum Fressen.

Rotkäppchen ließ nicht lange auf sich warten. Top! Top!

»Wer ist draußen?«, fragte der Wolf und gab sich alle Mühe, die Stimme der Großmutter nachzuahmen.

»Ich bin es, das Rotkäppchen. Ich bringe dir Wein und Kuchen und allerlei gute Sachen und viele Blumen.«

»Drücke die Klinke, und sie wird springen!«

Rotkäppchen drückte die Klinke und trat ein. Die Stimme der Großmutter klang ihr etwas verdächtig, und in der Stube war eine sonderbare Luft, fast wie in einer Menagerie. Es wurde ihr eigentümlich zumute. Ahnung nennt man das, und wie es heißt, empfindet das jeder, der gefressen werden soll. Sie wusste gar nicht, was tun und sagen, und sah sich ganz ängstlich in der Stube um. Der Wolf zog die Decke übers halbe Gesicht, und anstatt sie gleich zu fressen wie die Großmutter, sagte der alte Sünder mit verstellter Stimme: »Mein liebes Rotkäppchen, stelle die Sachen hin, kleide dich aus und lege dich zu mir ins Bett.«

Zitternd gehorchte das Rotkäppchen, kleidete sich aus und legte sich ins Bett zu dem alten Sünder. Ach, dachte sie, es ist mir, als hätte ich Unrecht getan, dass ich der Mutter nicht gehorchte und dass ich nicht den geraden Weg gegangen bin. Und wie sie die Decke aufhob, war sie erstaunt über das Aussehen der Großmutter.

»Aber Großmutter, was hast du für lange Arme?«

»Dass ich dich besser umarmen kann.«

»Aber Großmutter, was hast du für lange Ohren?«

»Dass ich dich besser hören kann.«

»Aber Großmutter, was hast du für große Augen?«

»Dass ich dich besser sehen kann.«

»Aber Großmutter, was hast du für ein entsetzliches Maul?«

»Dass ich dich besser fressen kann.«

Und wie er das sagte, fraß er sie auf.

Aber das wäre eine ganz traurige Geschichte, wenn sie so enden sollte, und da gäbe es ja gar keine Gerechtigkeit auf Erden, wenn die Wölfe die Rotkäppchen so ungestraft fressen könnten. Gerechtigkeit muss sein. Und so war es. Der Wolf schlief ein, als hätte er das beste Gewissen, denn sein Grundsatz war:

Ein guter Bissen
ist das beste Ruhekissen –

… und schnarchte, dass der Wald davon widerhallte. Dieses Schnarchen war sein Verderben. Der Jäger hörte es und kam herbei, ohne zu wissen, dass er in diesem Moment die göttliche Gerechtigkeit vorstellte, wie es überhaupt wenige Menschen wissen, was sie vorstellen. Erst glaubte er, es sei die alte Frau, die so schnarchte. Wie er aber sah, dass es der Wolf war, sagte er sich gleich, dass er gewiss etwas im Leibe habe, zog leise sein großes Messer hervor und schnitt ihm den Bauch auf. Da sprang nicht nur das Rotkäppchen, sondern auch die Großmutter heraus.

Der Wolf, dem nichts so unangenehm war wie ein leerer Bauch, erwachte und machte große Augen, als er die Großmutter und Rotkäppchen vor sich stehen sah. Er war sehr empört, dass man es wagte, ihm wieder zu nehmen, worauf er sich mit seinen Zähnen ein Recht erworben. Er wollte eben seine Stimme erheben, um sich zu widersetzen und sein Recht zu wahren, als ihn der Jäger niederschoss. »Denn«, sagte der Jäger, »das Laster muss am Ende bestraft werden, anders geht es nicht.«

Rotkäppchen aber wich nie wieder vom geraden Wege ab, und der Großmutter hatten der heilsame Schreck und der Aufenthalt im warmen Leibe des Wolfes sehr gut getan, dass sie nie wieder den Schnupfen bekam. So wurde beiderseitig die Unschuld gerettet. Damit aber auch die Tugend belohnt wurde, trank der Jäger allen Wein aus, den Rotkäppchen mitgebracht hatte.

Märchen nach Charles Perrault

Der Granatbaum des Affen

Es war einmal ein Affe, der saß auf einem Ölbaum und fraß einen Granatapfel. Da fiel ein Kern des Apfels auf die Erde neben den Olivenbaum, und nach kurzer Zeit wuchs aus der Erde ein kleiner Granatbaum hervor. Als der Affe dieses Bäumchen erblickte, ging er zum Besitzer des Ölbaums und sagte zu ihm: »Fäll den Ölbaum, mein Granatbaum wächst sonst nicht!«

Und der Mann antwortet: »Ich denke nicht daran.«

Da ging der Affe zum Richter und sagte: »Richter, verhafte den Mann, er fällt den Ölbaum nicht, und mein Granatbaum wächst dann nicht.«

Der Richter antwortet: »Ich denke nicht daran.«

Da ging der Affe zum König und sagte: »König, nimm dem Richter sein Amt, er verhaftet den Mann nicht, der fällt den Ölbaum nicht, und mein Granatbaum wächst dann nicht.«

Und der König antwortet: »Ich denke nicht daran.«

Da ging der Affe zur Königin: »Königin, erzürne dich mit dem König, er nimmt dem Richter sein Amt nicht, der verhaftet den Mann nicht, der fällt den Ölbaum nicht, und mein Granatbaum wächst dann nicht.«

Und die Königin antwortet: »Ich denke nicht daran.«

Da ging der Affe zur Maus: »Maus, nage am Rock der Königin, sie erzürnt sich mit dem König nicht, der nimmt dem Richter sein Amt nicht, der verhaftet den Mann nicht, der fällt den Ölbaum nicht, und mein Granatbaum wächst dann nicht.«

Und die Maus antwortet: »Ich denke nicht daran.«

Da ging er zur Katze: »Hör, Katze, friss die Maus, sie nagt am Rock der Königin nicht, die erzürnt sich mit dem König nicht, der nimmt dem Richter sein Amt nicht, der verhaftet den Mann nicht, der fällt den Ölbaum nicht, und mein Granatbaum wächst dann nicht.«

Und die Katze antwortet: »Ich denke nicht daran.«

Da ging er zum Hund: »Hör, Hund, beiß die Katze, sie frisst die Maus nicht, die nagt am Rock der Königin nicht, die erzürnt sich mit dem König nicht, der nimmt dem Richter sein Amt nicht, der verhaftet den Mann nicht, der fällt den Ölbaum nicht, und mein Granatbaum wächst dann nicht.«

Und der Hund antwortet: »Ich denke nicht daran.«

Da ging er zum Knüppel und sagte: »Knüppel, hau den Hund, er beißt die Katze nicht, die frisst die Maus nicht, die nagt am Rock der Königin nicht, die erzürnt sich mit dem König nicht, der nimmt dem Richter sein Amt nicht, der verhaftet den Mann nicht, der fällt den Ölbaum nicht, und mein Granatbaum wächst dann nicht.« – »Ich denke nicht daran.«

Da ging er zum Feuer: »Feuer, verbrenn den Knüppel, er haut den Hund nicht, der beißt die Katze nicht, die frisst die Maus nicht, die nagt am Rock der Königin nicht, die erzürnt sich mit dem König nicht, der nimmt dem Richter sein Amt nicht, der verhaftet den Mann nicht, der fällt den Ölbaum nicht, und mein Granatbaum wächst dann nicht.«

»Ich denke nicht daran.«

Da ging er zum Wasser: »Hör, Wasser, lösch das Feuer, es verbrennt den Knüppel nicht, der haut den Hund nicht, der beißt die Katze nicht, die frisst die Maus nicht, die nagt am Rock der Königin nicht, die erzürnt sich mit dem König nicht, der nimmt dem Richter sein Amt nicht, der verhaftet den Mann nicht, der fällt den Ölbaum nicht, und mein Granatbaum wächst dann nicht.«

»Ich denke nicht daran.«

Da ging er zum Ochsen: »Hör, Ochse, trink das Wasser, es löscht das Feuer nicht, das verbrennt den Knüppel nicht, der haut den Hund nicht, der beißt die Katze nicht, die frisst die Maus nicht, die nagt am Rock der Königin nicht, die erzürnt sich mit dem König nicht, der nimmt dem Richter sein Amt nicht, der verhaftet den Mann nicht, der fällt den Ölbaum nicht, und mein Granatbaum wächst dann nicht.«

»Ich denke nicht daran.«

Da ging er zum Schlachter: »Schlachter, töte den Ochsen, er trinkt das Wasser nicht, das löscht das Feuer nicht, das verbrennt den Knüppel nicht, der haut den Hund nicht, der beißt die Katze nicht, die frisst die Maus nicht, die nagt am Rock der Königin nicht, die erzürnt sich mit dem König nicht, der nimmt dem Richter sein Amt nicht, der verhaftet den Mann nicht, der fällt den Ölbaum nicht, und mein Granatbaum wächst dann nicht.«

»Ich denke nicht daran.«

Da ging er zum Tod: »Hör, Tod, hol den Schlachter ab, er tötet den Ochsen nicht, der trinkt das Wasser nicht, das löscht das Feuer nicht, das verbrennt den Knüppel nicht, der haut den Hund nicht, der beißt die Katze nicht, die frisst die Maus nicht, die nagt am Rock der Königin nicht, die erzürnt sich mit dem König nicht, der nimmt dem Richter sein Amt nicht, der verhaftet den Mann nicht, der fällt den Ölbaum nicht, und mein Granatbaum wächst dann nicht.«

Der Tod ging zum Schlachter, um ihn abzuholen; der sagte: »Hol mich nicht ab, ich will den Ochsen töten.«

Der Ochse sagte: »Töte mich nicht, ich will das Wasser trinken.«

Das Wasser sagte: »Trink mich nicht, ich will das Feuer löschen.«

Das Feuer sagte: »Lösch mich nicht, ich will den Knüppel verbrennen.«

Der Knüppel sagte: »Verbrenn mich nicht, ich will den Hund hauen.«

Der Hund sagte: »Hau mich nicht, ich will die Katze beißen.«

Die Katze sagte: »Beiß mich nicht, ich will die Maus fressen.«

Die Maus sagte: »Friss mich nicht, ich will den Rock der Königin annagen.«

Die Königin sagte: »Nag nicht an meinem Rock, ich will mich mit dem König erzürnen.«

Der König sagte: »Erzürne dich nicht mit mir, ich will dem Richter sein Amt nehmen.«

Der Richter sagte: »König, nimm mir mein Amt nicht, ich will den Mann verhaften.«

Der Mann sagte: »Richter, verhafte mich nicht, ich will den Ölbaum fällen.«

Und der Mann fällte den Ölbaum, und der Affe bekam seinen Granatbaum.

Märchen aus Portugal

Der wunderbare Birnbaum

Einem Mann war seine Frau verstorben. Es blieb ihm seine einzige Tochter und die war wunderschön. Als die Trauerzeit vorüber war, heiratete er eine Witwe, die ebenfalls eine Tochter hatte. Diese aber war hässlich von Angesicht und böse von Herzen.

Die Mutter aber liebte nur ihre eigene Tochter und plagte ihre Stieftochter, wo sie nur konnte. Eines Tages sprach sie zu dem Mädchen: »Geh hinaus in den Wald und suche dort, was ich verloren habe.«

Da ging das Mädchen traurig hinaus in den Wald und wusste sich keinen Rat. Als sie lange umhergeirrt war, stand auf einmal eine große schöne Frau vor ihr und fragte: »Was bedrückt dich so sehr, mein Kind?«

»Ach, meine Stiefmutter hat mich geheißen in den Wald zu gehen und dort das zu suchen, was sie verloren hat. Wenn ich es nicht finde, wird es mir übel ergehen und doch weiß ich nicht, was es ist.«

»Sei ohne Sorge, meine Tochter«, sprach die Frau und reichte ihr einen Birnbaumzweig, »das ist es, was deine Stiefmutter verlor.«

Das Mädchen dankte der guten Frau und lief eilends nach Hause. Die schöne Frau aber war niemand anders als die heilige Jungfrau Maria. Als das Mädchen die Stube betrat, rief es fröhlich: »Hier, Mutter, bringe ich Euch, was Ihr verloren habt.«

Als die Stiefmutter den Birnbaumzweig sah, geriet sie außer sich vor Zorn und schrie: »Willst du mich zum Narren halten, du törichte Gans! Mach, dass du fortkommst und bringe mir das, was ich verloren habe! Und dass du mir nicht eher zurückkommst, als bis du es gefunden hast!«

Da ging das Mädchen wieder weinend hinaus in den Wald. Und abermals begegnete ihr die Jungfrau Maria und fragte: »Was bedrückt dich so sehr, mein Kind?«

»Ach, meine Stiefmutter hat mich zum zweiten Male aus dem Haus gejagt und sie will, dass ich ihr das bringe, was sie verloren hat. Es wird mir übel ergehen, wenn ich es ihr nicht bringe und doch weiß ich nicht, was es ist.«

»Sei nur getrost, meine Tochter«, sprach die Jungfrau Maria und gab dem Mädchen die Feder einer Nachtigall, »das ist es, was deine Stiefmutter verlor.«

Da eilte das Mädchen in großen Sprüngen nach Hause, trat in die Stube und rief: »Hier, Mutter, bringe ich Euch, was Ihr verloren habt.«

Als die Stiefmutter die Nachtigallenfeder sah, wurde sie so zornig, dass sie das Mädchen verprügelte und mit den Worten aus dem Hause scheuchte: »Suche, was ich verloren habe und dass du mir nicht eher zurückkommst, als bis du es gefunden hast. Glaube nur ja nicht, ich sei dümmer als du, du Närrin!«

Sie hegte in ihrem Herzen die böse Hoffnung, dass das Mädchen nie mehr zurückkehren und draußen im Walde von wilden Tieren gefressen würde. Das Mädchen aber ging wieder weinend hinaus in den Wald und wusste weder ein noch aus. Sie weinte so sehr, dass sie endlich keine Tränen mehr hatte. Da stand auf einmal wieder die Jungfrau Maria vor ihr und fragte: »Was bedrückt dich so sehr, mein Kind?«

»Ach, zum dritten Male hat mich meine Stiefmutter aus dem Haus gejagt und will, dass ich ihr das bringe, was sie verloren hat. Es erging mir schon übel und wird mir noch schlimmer ergehen, wenn ich es ihr nicht bringe und doch weiß ich nicht, was es ist.«

»Sei guten Mutes, meine Tochter«, sprach die Jungfrau Maria und gab ihr ein Büschel ungesponnener Wolle, »das ist es, was deine Stiefmutter verlor.« Das Mädchen dankte der Jungfrau Maria und eilte, so schnell ihre Beine sie tragen konnten, nach Hause.

Sie betrat die Stube und rief: »Hier, Mutter, bringe ich Euch, was Ihr verloren habt.« Als die Stiefmutter das Wollbüschel sah, wurde sie über alle Maßen zornig und sie schlug das Mädchen halbtot. Dann befahl sie ihr, sich zu Bett zu legen, denn sie konnte sie nicht mehr davonjagen, da in der Zwischenzeit ihr Mann von der Arbeit nach Hause gekommen war. Diesem erzählte sie, seiner Tochter sei nicht recht wohl und sie habe sich zu Bett begeben.

Die drei Gaben, die das Mädchen von der Jungfrau Maria erhalten hatte, hatte die Böse auf den Misthaufen hinter dem Hause geworfen.

Siehe, am anderen Morgen war aus dem Birnbaumzweig ein wunderschöner Birnbaum geworden. Die Feder aber hatte sich in eine wunderschöne Nachtigall verwandelt. Aus dem Wollbüschel aber war ein wunderschönes weißes Lamm geworden. Es war im Monat Dezember und doch trug der Birnbaum die allerschönsten und köstlichsten Birnen. Die Nachtigall sang die lieblichsten Weisen und das Lämmlein sprang munter über den Schnee, als sei es auf einer Maienwiese. Darüber verwunderten sich alle Menschen im Dorfe und dachten, dass es wohl nicht mit rechten Dingen zugehe in jenem Hause. Als man die Birnen pflücken wollte, siehe, da schnellten die Zweige jedes Mal zurück, sobald jemand die Hand an sie legte und auch der stärkste Mann vermochte nicht, die Birnen zu brechen. Auch das Lämmlein konnte von niemandem gefangen werden, weder von flinken Männern noch von schnellen Hunden.

Das Mädchen aber konnte die Birnen pflücken, die Äste neigten sich von selbst zu ihr herab. Das Lämmlein sprang allein in ihren Schoß und die Nachtigall setzte sich ihr auf die Schulter und sang die schönsten Weisen. Da geschah es, dass der Sohn des Königs schwer erkrankte. Kein Arzt konnte ihm helfen. Da ließ der König alle Räte und Weisen aus ganz Frankreich zusammenkommen und fragte sie um Rat. Keiner aber wusste eine Antwort.

Da klopfte eines Tages ein altes Weiblein an die Schlosspforte. Es war aber niemand anders als die Jungfrau Maria selbst, die in dieser Gestalt zu den Menschen ging. Endlich ließen die Wachen sie ein und sie sprach: »Der Prinz wird erst dann wieder gesund, wenn er Birnen von jenem wunderbaren Birnbaum erhält, die doch kein Mensch pflücken kann.«

Über diese Worte wurde der König sehr traurig, denn wer sollte seinem Sohn die Birnen bringen können? So viele hatten schon vergeblich versucht, von jenem wundersamen Baum zu ernten. Auch er hatte vergeblich davon für seine königliche Tafel verlangt.

Der König ließ aber in ganz Frankreich die Kunde verbreiten: »Wem es gelingt, die Früchte des wundersamen Birnbaumes zu ernten, der soll das ganze Reich bekommen. Gelingt es einer Frau, so soll sie des Prinzen Gemahlin werden.«

Die Kunde drang auch in jenes Dorf, wo der wunderbare Birnbaum stand. Das Mädchen, das als einzige die Birnen brechen konnte, wurde aber seit jenem Tage, da man den Birnbaum entdeckt hatte, im Keller gefangen gehalten. Man sprach, sie sei eine Hexe.

Des Königs Boten aber hatten die Kunde von der gefangenen Hexe vernommen und befahlen, sie freizulassen. Und siehe, als die schöne junge Frau den Birnbaum berührte, da neigten sich die Äste von selbst zu ihr herab und sie konnte die ganze Schürze voll der prächtigen Birnen pflücken. Da nahmen die Boten die Birnen und das Mädchen, so schmutzig es war, mit sich. Die Stiefmutter und ihre Tochter konnten noch so sehr schimpfen und keifen.

Im Schloss wurden die Birnen dem kranken Königssohn gereicht, dem sie köstlich mundeten und der alsbald von seiner Krankheit genas.

Das Mädchen aber wurde prächtig gekleidet und vor den Prinzen geführt. Er war außer sich vor Freude über ihre Schönheit und nahm sie gerne zur Frau. Noch am selben Tage wurde in großer Pracht und Herrlichkeit die Hochzeit gefeiert. Nach ein paar Jahren, die sie in Glück und in Frieden zugebracht hatten, wurde die junge Königin schwanger und gebar einen Sohn.

Ihre Stiefmutter, die ihr immer noch grollte und sie aus tiefster Seele hasste, war beim Satan selbst in die Lehre gegangen und hatte das Teufelshandwerk gelernt, so dass sie hexen konnte. Sie murmelte einen Zauberspruch. Alsbald war die junge Königin in eine weiße Hirschkuh verwandelt und sprang in den Wald hinaus. Dann kleidete die Stiefmutter ihre eigene Tochter in prächtige Gewänder, legte ihr einen Schleier vor das Gesicht und befahl ihr, sich in das königliche Bett zu legen.

Als der junge König kam, um nach seiner Frau zu sehen, erschrak er und sprach: »Meine liebe Frau, du siehst ja erschreckend verändert aus!«

Da sprach sie, dies sei die Folge ihrer schweren Niederkunft.

In der Nacht aber kam die weiße Hirschkuh durch das geöffnete Fenster in das Gemach gesprungen, verwandelte sich in die junge Königin und nährte und liebkoste ihr Kind. Beim ersten Morgengrauen aber musste sie wieder als Hirschkuh das Zimmer verlassen. So ging es mehrere Nächte. Die Wachen wunderten sich über seltsame Geräusche während der Nacht, konnten aber nichts entdecken. Die falsche Königin aber gab vor, immer kränker und kränker und schwächer und schwächer zu werden. Sie sprach zu dem jungen König: »Wenn du mich liebst und nicht willst, dass ich sterbe, so bringe mir das Fleisch von der weißen Hirschkuh zu essen.«

Da ging der König mit seinem ganzen Gefolge auf die Jagd. Bald sahen sie die weiße Hirschkuh. Aber anstatt davonzulaufen wie anderes Wild, ging das Tier auf den jungen König zu und leckte ihm die Hände. Er verwunderte sich sehr und konnte es nicht übers Herz bringen, die Hirschkuh zu töten.

Die falsche junge Königin aber jammerte und klagte ohne Unterlass, dass sie nun werde sterben müssen. Da ging der junge König wieder hinaus auf die Jagd. Wieder leckte die Hirschkuh ihm die Hände und er konnte sie nicht töten. Wieder beschwor ihn die, die er für seine Frau hielt, ihm das Fleisch der weißen Hirschkuh zu bringen, weil sie sonst sterben würde.

Aber auch beim dritten Male brachte er es nicht übers Herz, die Hirschkuh zu töten. Sie leckte ihm diesmal nicht nur die Hände, sondern sie weinte auch Tränen wie ein Mensch, darüber verwunderte sich der König noch mehr.

Die Diener aber, die nachts immer wieder seltsame Geräusche vernommen hatten, ohne etwas zu entdecken, meldeten dies dem jungen König.

Da wachte dieser selbst in der Kammer. Siehe, als es Mitternacht schlug, kam die weiße Hirschkuh durch das Kammerfenster hereingesprungen, verwandelte sich in seine schöne, richtige Frau und begann ihr Kind zu nähren und zu liebkosen. Da eilte der junge König hinzu, umarmte und küsste sie.

Die böse Stiefmutter musste den Zauber von der jungen Königin nehmen. Als sie ihre menschliche Gestalt wieder hatte, erzählte sie ihrem Mann alles, was geschehen war. Sie feierten sodann ein großes Fest, zu dem die Leute aus nah und fern, aus ganz Frankreich, eingeladen wurden. Die beiden Betrügerinnen aber, die böse Stiefmutter und ihre Tochter, die hatten sich vor Zorn bereits selbst gerichtet. Sie hatten sich vom Söller des Schlosses gestürzt.

Der König und die junge Königin lebten und herrschten noch lange in Glück und Gerechtigkeit. Sie bekamen noch viele Kinder. Die Knaben glichen alle dem Vater, und die Mädchen gerieten ganz nach der Mutter.

Märchen aus dem Nivernais

Der verzauberte Lindenbaum

Eines Abends saß Wanjuschka bei seinem Großvater und fragte ihn: »Warum gleichen die Bärentatzen unseren Händen und Füßen?« Großvater antwortete ihm: »Hör zu, Wanjuschka! Was ich selbst von alten Leuten gehört hab', das will ich dir erzählen.«

Die alten Leute sagten: Die Bären waren einmal ebensolche Menschen wie wir rechtgläubigen Christen. In einem Dorf aber lebte einst ein Tagelöhner. Sein Häuschen war elend schlecht, ein Pferd hatte er nicht, eine Kuh erst recht nicht und kein Brennholz fand sich mehr bei ihm. Der Winter kam heran, in der ungeheizten Stube ward es kalt. Der Tagelöhner nahm ein Beil und ging in den Wald. Dort fiel sein Blick gerade auf den verzauberten Lindenbaum. Er klopfte mit dem Beil an den Stamm und wollte schon anfangen einzuhauen. Da sprach aber die Linde mit menschlicher Stimme: »Alles, was du nur willst, geb ich dir. Fehlt dir Reichtum, fehlt dir ein Weib, alles sollst du haben!« Der Bauer antwortete: »Gut wär's, Mütterchen, wenn du mich reicher als alle Hofbauern machen würdest, denn ich hab keine Kuh, kein Pferd und das Häuschen ist schlecht!« Die Linde antwortete: »Geh nur nach Hause! Alles wird dir zuteil!« Der Bauer geht heim und sieht, sein Haus ist neu geworden, die Zäune sind aus Balken, die Rosse so mutig, als ob sie fliegen wollten und die Scheuern sind voller Korn. Nur eines noch fehlte dem Tagelöhner, sein Weib war nicht hübsch. Was tun? »Ich geh zum Mütterchen Linde!« Er nahm sein Beil mit und ging in den Wald.

Er kam zur Linde und schlug mit dem Beil an den Stamm. »Was willst du?« – »Mütterchen Linde! Die andern haben

Weiber, wie sie sein sollen, aber meine taugt gar nichts. Sei doch so gut und gib mir ein hübsches Weib.« Die Linde antwortete: »Geh nur nach Hause!« Der Tagelöhner geht heim, sein Weib erwartet ihn, schaut so schön aus wie Milch und Blut und die Kammern sind gefüllt mit Vorräten aller Art! Nun fing der Tagelöhner an mit seinem jungen Weibe zu hausen und dachte aber doch im Stillen: »Gut lebt sich's als reicher Mann, aber der Obrigkeit sind wir doch Untertan! Ob ich nicht selbst zur Obrigkeit gehören kann?« Er beriet sich mit seiner Frau und ging wieder zur verzauberten Linde.

Er kam in den Wald und schlug mit dem Beil gegen den Stamm. Die Linde fragte: »Was willst du, Bauer?« – »Nur dies, Mütterchen Linde: Uns geht's zwar gut als reichen Leuten, aber wir stehen doch unter der Obrigkeit, kann ich denn nicht selbst Dorfschulze sein?« – »Gut, geh nur nach Hause, alles soll dir zuteilwerden!« Kaum war der Tagelöhner heimgekehrt, kam schon die Verfügung: »Der Tagelöhner soll Dorfschulze sein.« Er lebte sich ein als Schulze und dachte bei sich: »Bequem hat man's schon als Dorfschulze, aber dem Gutsherrn ist man doch Untertan. Ob ich denn nicht selbst Gutsherr werden kann?« Er bedachte sich's, hielt Rat mit seiner Frau und ging wieder zum Lindenbaum.

Er kam hin und schlug mit dem Beil an den Stamm. Die Linde fragte: »Was willst du?« – »Dank dir für alles, Mütterchen Linde! Aber muss ich denn vor dem Gutsherrn immer die Mütze ziehen? Kann ich denn nicht selbst ein Herr sein?« – »Was soll ich nur mit dir anfangen? Geh nur nach Hause, sollst alles haben!« Kaum war er heimgekehrt, da kam der Gouverneur angefahren und brachte vom König die Ernennung: »Er soll Edelmann sein.« Fein war's als Edelmann, er gab Gelage und Bankette. So lebte sich's gut, aber noch war er ohne Rang! Könnte man nicht Beamter werden? Sie bedachten sich und berieten sich.

Der Bauer kam zur Linde und schlug mit dem Beil gegen

den Stamm. »Was willst du, Bäuerlein?« – »Für alles dank ich dir, Mütterchen. Aber kann ich denn nicht Beamter sein?« – »Na, so geh nur nach Haus!« Kaum war er heimgekehrt, so war der Befehl vom König da: Ein hohes Amt erhielt er. Gut lebte sich's nun als Beamter, aber dem Gouverneur war er doch noch untergeben. Könnte man nicht Gouverneur werden? Er beriet sich mit seiner Frau und ging in den Wald zum verzauberten Lindenbaum.

Er kam hin und schlug mit dem Beil an den Stamm. Da sprach die Linde: »Was brauchst du, Bäuerlein?« – »Dank dir, Mütterchen Linde, für alles. Aber kann ich denn nicht selbst Gouverneur sein und ein reiches Erbgut haben?« – »Schwer geht's zu machen. Aber was soll ich mit dir anfangen? Geh nur nach Hause.« Kaum war der Tagelöhner heimgekehrt, so kam ein Befehl: »Der Tagelöhner soll Gouverneur sein und ein reiches Erbgut haben.« Er lebte sich ein als Gouverneur, als ob er nie ein Bauer gewesen wäre. Gut ging es ihm, aber dem König war er doch Untertan. Er überlegte sich's und ging in den Wald zum verzauberten Lindenbaum.

Er kam hin und schlug mit dem Beil gegen den Stamm. Die Linde fragte: »Was willst du?« – »Alles ist gut, dank dir dafür! Aber kann ich denn nicht selbst der König sein?« Die Linde begann ihm zuzureden: »Um was bittest du, Unsinniger? Bedenk, was du warst und was du bist. Aus dem Tagelöhner bist du ein vornehmer Mann geworden, den König aber wählt Gott selber!« Die Linde redete ihm auf alle Weise zu, dass er nicht um Größeres bitten solle, sonst würde er alles verlieren. Der Tagelöhner ließ aber nicht nach, blieb hartnäckig dabei, sie solle ihn zum König machen. Die Linde aber sprach zu ihm: »Das kann ich nicht tun und es wird nicht sein, du wirst aber auch das Letzte verlieren!« Doch der Tagelöhner gab nicht nach. Da sprach die Linde: »Werde du ein Bär und dein Weib eine Bärin!« Und er ward ein Bär und sein Weib eine Bärin. Und so sind die Bären entstanden.

Da fragte der Enkel: »Großvater, ist denn das wirklich wahr?« – »Natürlich ist das ein Märchen, aber was unmöglich ist, das sollst du nicht wünschen, sei mit wenigem zufrieden. Wünschest du dir allzu viel, verlierst du auch das Letzte.«

Märchen aus Russland

Der Dummkopf und die Birke

Jn irgendeinem Lande, irgendeinem Reiche lebte einst ein Alter, der hatte drei Söhne: zwei kluge und einen dummen. Der Alte starb und die Söhne teilten sich den Besitz, wie es ihnen nach ihrem Geschick zukam: Die Klugen erhielten viel Hab und Gut, der Dummkopf aber bekam nur einen Ochsen und der war auch noch schlecht! Der Jahrmarkt begann, die klugen Brüder machten sich bereit, um dort zu verkaufen, als der Dummkopf das sah, sagte er: »Und ich, Brüder, werde meinen Ochsen auf den Markt führen.«

Er schlang dem Ochsen einen Strick um die Hörner und machte sich auf den Weg in die Stadt. Um dorthin zu gelangen, musste er durch den Wald gehen, im Wald aber stand eine alte, trockene Birke, wenn der Wind wehte, dann knarrte die Birke. »Was knarrt die Birke wohl?«, dachte der Dummkopf. »Ob sie um meinen Ochsen handelt? Nun«, sagte er, »wenn du willst, dann kauf ihn, ich habe nichts dagegen, ihn zu verkaufen! Der Ochse kostet zwanzig Rubel, weniger kann ich nicht nehmen ... Also hol das Geld heraus!« Die Birke gab ihm keine Antwort und knarrte nur. Dem Dummkopf aber schien es, als bäte die Birke um Aufschub. »Nun gut, ich werde bis morgen warten!« Er band den Ochsen an der Birke fest, nahm Abschied von ihr und ging heim. Die klugen Brüder kamen nach Hause und fragten: »Na, Dummkopf, hast du den Ochsen verkauft?« – »Das habe ich!« – »Was hast du denn gefordert?« – »Zwanzig Rubel.« – »Und wo ist das Geld?« – »Das Geld hab ich noch nicht, ich soll morgen kommen.« – »Ach, du Einfaltspinsel!«

Am anderen Morgen stand der Dummkopf früh auf, zog sich an und ging zu der Birke, um sein Geld zu holen. Als er in den Wald kam – stand die Birke da und schwankte im Wind, der Ochse aber war verschwunden: Den hatten des Nachts die Wölfe gefressen. »Nun, Landsmann, gib mir das Geld, du hast gestern versprochen, dass du heute bezahlst.« Der Wind wehte, die Birke knarrte und der Dummkopf sprach: »Was bist du doch unzuverlässig! Hast gestern gesagt, morgen gibt's Geld und heute versprichst du dasselbe! Nun ist gut, ich warte noch einen Tag, aber länger nicht – denn ich brauche das Geld.« Er kehrte heim, und die Brüder fragten ihn: »Na, hast du das Geld bekommen?« – »Nein, Brüderchen, muss noch einen Tag warten.« – »Wem hast du ihn denn verkauft?« – »Der trockenen Birke im Walde.« – »So ein Trottel!«

Am dritten Tag nahm der Dummkopf die Axt und ging in den Wald. Er kam dorthin und verlangte sein Geld. Die Birke aber knarrte und knarrte. »Nein, Landsmann, wenn du mich immer auf morgen vertröstest, dann bekomme ich nie etwas von dir. Ich dulde keine Späße, werde jetzt rasch mit dir abrechnen!« Und er hieb mit der Axt hinein, dass die Splitter nach allen Seiten flogen. Diese Birke aber war innen hohl und in der Höhlung hatten Räuber einen Kessel mit Gold versteckt. Der Baum brach in zwei Teile auseinander, der Dummkopf erblickte das reine Gold und er packte sich Gold in die Rockschöße, soviel er nur tragen konnte, lief nach Hause und zeigte es den Brüdern. »Wo hast du, Dummkopf, denn das gescheffelt?« – »Der Landsmann hat es mir für den Ochsen gegeben, aber das ist noch nicht alles, ich habe nicht einmal die Hälfte davon nach Hause gebracht! Kommt, Brüderchen, wir wollen den Rest holen!« Sie gingen in den Wald, nahmen das Gold und machten sich auf den Heimweg. »Pass auf, Dummkopf«, ermahnten ihn die klugen Brüder, »sage es keinem, dass wir so viel Gold haben.« – »Werd's schon nicht sagen!« Da kam ihnen plötzlich der Küster entgegen: »Was schleppt ihr da aus dem Wald?« Die Klugen antworteten: »Pilze!« Der Dummkopf aber widersprach: »Sie lügen! Gold tragen wir, schau einmal her!« Der Küster schlug die Hände zusammen, stürzte sich auf das Gold, griff gierig hinein und stopfte es sich in die Taschen. Da wurde der Dummkopf wütend, holte mit der Axt aus und schlug ihn zu Tode. »Ach, Dummkopf! Was hast du bloß angerichtet?«, riefen die Brüder. »Wirst selber drauf gehen und ziehst uns mit hinein! Wo sollen wir jetzt mit der Leiche hin?« Sie überlegten und überlegten, zerrten den Leichnam schließlich in einen leerstehenden Keller und ließen ihn dort liegen. Spät am Abend sagte der älteste Bruder zum mittleren: »Die Sache sieht nicht gut aus! Sobald man den Küster sucht, wird der Dummkopf alles erzählen. Komm, lass uns einen Ziegenbock schlachten und ihn in dem Keller verbergen, die Leiche aber vergraben wir an anderer Stelle.« Sie warteten die finstere Nacht ab, schlachteten den Ziegenbock und warfen ihn in den Keller, dann trugen sie den Küster an einen anderen Ort und schaufelten ihn dort in die Erde ein.

Einige Tage vergingen, da begann man, den Küster überall zu suchen und alle nach ihm zu fragen. Der Dummkopf gab zur Antwort: »Wozu braucht ihr denn den? Ich habe ihn neulich mit der Axt erschlagen und die Brüder haben ihn in den Keller getragen.«

Sofort wurde der Dummkopf festgenommen: »Zeige ihn uns, führe uns hin!« Der Dummkopf stieg in den Keller, nahm den Kopf des Ziegenbocks auf und fragte: »Ist euer Küster schwarz?« – »Ist schwarz.« – »Mit Bart?« – »Ja, mit Bart.« – »Und hat er Hörner?« – »Wieso Hörner, du Trottel?« – »Na, seht doch mal!« – und damit warf er ihnen den Kopf zu. Die Leute sahen, dass es nur ein Ziegenbock war, sie spuckten dem Dummkopf in die Augen und gingen nach Hause.

Zu Ende ist nun unsre Mär,
jetzt gebt ein Krüglein Met mir her!

Märchen aus Russland

Der klingende Baum

Es war einmal ein Königssohn, der nach dem Tod seines Vaters die Regierung führte. Durch seine Heirat kam er mit seiner Mutter in Feindschaft, weil er sich nicht diejenige genommen hatte, welche ihr gefiel.

Nicht lange nach der Hochzeit musste der König in den Krieg ziehen, welcher drei Jahre dauerte. Seine Frau hatte unterdessen zwei schöne Knaben geboren. Die Mutter des Königs wollte sich nun an ihr rächen und schrieb an den König, es sei eine Missgeburt geboren worden, aber von wem, das berichtete sie nicht. Der König schrieb zurück, die Mutter solle in den Hungerturm, die Missgeburt ins Wasser geworfen werden.

Die Gemahlin des Königs wurde wirklich in den Hungerturm gesperrt, die zwei Knaben legte man in eine Schachtel und setzte sie ins Wasser. Die Königin betete zu Gott, und dieser schickte ihr täglich einen Engel mit Nahrung.

In der Nähe des Schlosses war der Ziergarten, und der Gärtner, welcher eben Wasser holte, fand die Schachtel. Er öffnete sie und sah die zwei Knaben darin. Voll Freude lief er zu seinem Weib und sprach: »Jetzt hat uns der liebe Gott ein paar Knaben geschenkt, welche wir gerade brauchen.«

Die Kinder wuchsen heran und erlernten das Gärtnerhandwerk.

Der König war mittlerweile heimgekehrt, und da ihm die Königin nicht entgegenkam, fragte er sogleich, wo seine Gemahlin sei. Die Mutter eröffnete ihm nun, dass er ja selbst befohlen habe, sie in den Hungerturm zu sperren, weil sie eine Missgeburt gehabt habe. Der König glaubte seiner Mutter, und dieser Glaube wurde noch mehr bestärkt, als sie ihm sagte, der eine Knabe habe einen Ochsenkopf, der andere einen Pferdekopf gehabt.

Von der Zeit an aber hatte der König keine Ruhe mehr. Als er eines Abends beim Hungerturm vorüberging, sah er ganz oben ein Licht. Er ging zum Turmwächter und ließ sich die Schlüssel geben. Als er an die Tür des Gefängnisses kam, wo er das Licht erblickte, guckte er durchs Schlüsselloch hinein und sah seine Frau und einen Engel neben ihr stehen. Er öffnete die Tür, und der Engel verschwand. Der König fiel seiner Gemahlin um den Hals und bat sie um Verzeihung. Sie musste ihm nun sagen, ob es wahr sei, dass sie eine Missgeburt geboren habe. Da sie es verneinte, ließ er sie wieder in das Schloss bringen und die böse Mutter mit vier Pferden zerreißen. Es wurde nun überall den zwei Knaben nachgeforscht, aber vergebens.

Der Gärtner war unterdessen gestorben, und weil die zwei Söhne den Garten in einem so guten Zustand hielten, so setzte der König sie als Gärtner ein. Dafür wollten die zwei Brüder dem König eine große Freude machen und ihm den klingenden Baum, den redenden Vogel und das goldene Wasser in seinen Garten bringen. Nach diesen drei Dingen hatten schon viele getrachtet, aber keiner hatte sie bekommen.

Der älteste Bruder machte sich auf den Weg und kam zu einem Einsiedler. Den fragte er, ob er von den drei Dingen nichts wisse und wie er sie wohl bekommen könnte.

Der Einsiedler sagte: »Mein liebes Kind! Es sind schon viele Hunderte zu mir gekommen und haben mich ebenso gefragt wie du, aber keiner ist noch zurückgekehrt, weil keiner dem Vogel gefolgt hat.«

Der Gärtner bat den Einsiedler, er möge ihm nur den Weg zeigen und versprach ihm, dass er dem Vogel folgen wolle.

»Auf diesem Weg«, sagte der Einsiedler, »gehst du fort, und da wirst du schon den Baum klingen hören.«

Richtig, als er drei Tage gegangen war, hörte der Gärtner den Baum klingen. Bevor er zu dem Baum kam, musste er durch eine große Menge Steine gehen, welche die Gestalt von Menschen hatten.

Da hörte er eine Stimme, die rief: »Guten Morgen, junger Mann, was willst du da?«

Er sah sich um und bemerkte den redenden Vogel auf dem klingenden Baum. »Dich will ich«, sagte der Gärtner, »den klingenden Baum und das goldene Wasser.«

Der Vogel sprach: »Brich dir einen Ast ab und nimm mich samt dem Körbchen herunter vom Baum, dann geh bis zu jenem Felsen, dort liegt ein Schlüssel, welchen du nimmst und die Tür im Felsen aufschließt. Mit dem Gefäß, welches du im Felsen findest, schöpfst du dir das goldene Wasser ein. Wenn du dann aus dem Felsen herausgehst, so darfst du dich aber nicht umsehen, sondern musst geradeaus gehen.«

Der Gärtner ging, als er aber aus dem Felsen heraus war, kamen ihm die menschenähnlichen Steine nach und schrien: »Bruder, nimm mich mit.« Wie er den Lärm hörte, sah er sich um und war auf der Stelle in Stein verwandelt.

Der zweite Bruder wartete unterdessen mit Schmerzen auf ihn, und als er nicht kam, machte auch er sich auf den Weg. Er kam ebenfalls zu dem Einsiedler, welchen er fragte, ob er den Weg nicht wisse zu dem klingenden Baum und ob sein Bruder nicht hier gewesen sei.

»O ja«, sprach der Einsiedler, »aber er wird dem Vogel nicht gefolgt haben, und deswegen ist er nicht mehr zurückgekehrt.«

»Welchen Weg muss ich gehen«, fragte er weiter, »dass ich zu dem klingenden Baum komme?«

Der Einsiedler zeigte ihm den Weg und sagte ihm dasselbe, was er seinem Bruder gesagt hatte. Nach drei Tagen hörte er schon den Baum klingen und kam zu den Steinen. Als er die Steine sah, dachte er, es seien Menschen, und berührte sie, aber es waren doch nur Steine. Der Vogel wünschte ihm einen guten Morgen und fragte ihn, was er wolle. »Dich will ich«, sagte er, »den klingenden Baum und das goldene Wasser.«

Er musste nun dasselbe tun wie sein Bruder. Als er aus dem Felsen heraustrat, kamen ihm die Steine nach und machten einen fürchterlichen Lärm und schrien: »Bruder, nimm mich mit.« Er aber ging immer fort und kümmerte sich nicht um den Lärm, obgleich er immer stärker wurde. Dann wurde er aber so ängstlich, dass er zur Erde fiel.

Er erholte sich, und als er aufstand, sah er, dass viele Hunderte, welche er erlöst hatte, um ihn herumstanden. Sein Bruder und er gingen nun mit dem Ast, dem Vogel und dem goldenen Wasser nach Hause.

Dort sprach der Vogel: »Jetzt setzt ihr den Ast in die Erde, grabt neben dem Ast ein Grübchen und stellt das Gefäß mit Wasser hinein, mich aber hängt ihr mit dem Körbchen an den Ast, und ihr begebt euch zur Ruhe. Bis morgen früh wird schon alles in Ordnung sein.«

Als die Brüder in der Früh erwachten, hörten sie schon den Baum klingen, und das goldene Wasser floss über einen hohen Felsen herab.

Der König, welcher das Klingen hörte, fragte, was das sei, aber niemand konnte es ihm sagen. Da ging er endlich selbst in den Garten hinunter und staunte nicht wenig, als er den Baum, das Wasser und den Vogel sah. Viele Könige kamen und bewunderten die Schönheit.

Als sie sich aber laut über die Schönheit aussprachen, sagte der Vogel: »Aber eines ist nicht schön.«

»Und was ist das eine?«, fragten sie.

Der Vogel sprach: »Dass der König seine Söhne Gärtner sein lässt.«

»Wie ist das zu verstehen?«, fragte der König.

Der Vogel, welcher alles wusste, was in der Welt vorging, erzählte ihm nun das Vergangene. Der König, die Königin und alle Anwesenden hatten darüber eine große Freude, dass die zwei Söhne wiedergefunden waren.

Märchen aus Schlesien

Der Wanderbursche auf der Tanne

Zwei Wanderburschen waren einen ganzen Tag miteinander gewandert und hatten kein Dorf erreicht. Da blieb ihnen keine andere Wahl, als im Wald zu übernachten. Der eine kletterte auf eine Tanne und band sich mit seinem Strumpfbändel zum Schlafe fest, der andere legte sich ins Gestäude. Um Mitternacht kam aber eine Schar Hexen zum Baum gefahren und hielten ihren Tanz. Und als sie hernach noch einen Schmaus abhielten, erzählten und schwatzten sie, wie sie die Königstochter krankgezaubert hätten, und eine sagte: »Solange man nicht den Schimmel schlachtet, an dem kein graues Haar ist, und nicht die Königstochter in die frische Rosshaut einschlägt, kann sie kein Mensch mehr gesundmachen.« Hierauf, als sie sich sattgegessen und geplaudert hatten, fuhren sie wieder davon.

Der andere aber ging ins Schloss und verriet da dem König das Heilmittel für seine kranke Tochter. Man sandte hinaus auf die Heide, hieß den Schimmel einfangen und schlachten und wickelte die Prinzessin in seine frische Haut ein, und auf die Stunde war die Prinzessin wieder gesund. Alles war voll Jubel. Das ganze Land erzählte von der fröhlichen Begebenheit. Und der Handwerksbursche durfte für immer im Schloss bleiben und wurde gehalten wie das Kind im Haus.

Als sein Reisegefährte auf allen Straßen von dieser Geschichte reden hörte, ärgerte es ihn, dass er nicht mit auf das Königsschloss gegangen war. Aber nichts schien ihm leichter, als auch eine gute Nachricht zu erfahren und sie dem König zu überbringen. Er kehrte um und suchte im Wald die Tanne, auf der sein Kamerad gesessen hatte. Da kletterte er hinauf und erwartete die Nacht und den Hexenzug.

Wieder begannen der Tanz und der Schmaus unter dem Baum. Und die Hexen schwatzten und erzählten sich, dass die kranke Königstochter geheilt sei, seitdem ein Horcher ihre Gespräche unter diesem Baum belauscht habe. Und eine rief plötzlich: »Dort sitzt er auf der Tanne!« Da kletterten die Hexen hinauf und zerrissen ihn in tausend Fetzen.

Märchen aus der Schweiz

Wie Blinde sehend werden

Ein Blinder hatte eine hübsche Tochter, die ihn auf allen seinen Wegen begleiten musste, weil er glaubte, so über ihre Ehre wachen zu können. Mit ihrem Freund aber heckte sie den folgenden Plan aus: An einem bestimmten Weg stand ein Kirschbaum, in dem solle er sich verstecken und wenn sie mit ihrem Vater dort vorbeikäme, würde sie es schon so einrichten, dass sie sich umarmen könnten. So lief auch alles nach Wunsch und Plan. Als sie an dem Kirschbaum vorbeikommen, sagt das Mädchen: »Vater, der Baum hier hängt voller Kirschen wie ein reich beladener Wagen bei der Prozession. Darf ich mir eine Handvoll pflücken?«

Der Blinde sagte ja und während seine Tochter in den Baum stieg, hielt er sich am Stamm fest, um, wie er es sich vorgenommen hatte, über die Ehre seiner Tochter zu wachen.

Die beiden Verliebten verloren unterdessen ihre Zeit nicht. Aber als sie gerade weltvergessen beieinandersaßen, kamen zwei Pilger vorbei, das waren Jesus Christus und der heilige Petrus auf ihrer Wanderung durch die Welt.

»Göttlicher Meister«, rief der heilige Petrus aus, »wie lobenswert ist doch ein Vater, der die Ehre seiner Tochter behütet!«

Ein Blick des göttlichen Meisters genügte, um dem Blinden das Augenlicht zurückzugeben. Als er aber erschrocken in den Ästen des Kirschbaums seine Tochter in den Armen ihres Freundes sah, rief sie eiligst:

»Seid nicht böse, Vater, ich hab' das nur getan, um Euch das Augenlicht zurückzugeben.«

Petrus sah seinen göttlichen Meister fragend an, der aber sagte lächelnd in seiner unendlichen Güte:

»Frauen sind halt immer Frauen ...«

Portugiesisches Märchen

König Laurins Rosengarten

Der Rosengarten ist ein Gebirgsstock etwa 20 km östlich von Bozen zwischen Schlernmassiv und Karerpass. Berühmt ist der Rosengarten unter anderem für das herrliche Alpenglühen, das den gesamten Gebirgsstock in der Dämmerung in rotgoldenes Licht taucht. Der für den Alpenraum so untypische Name Rosengarten leitet sich wahrscheinlich vom alten Wortstamm »ruza« her, was so viel wie »Geröll« bedeutet. Eine weit romantischere Erklärung liefert allerdings die berühmte Sage von König Laurins Rosengarten, die sowohl als Volkssage wie auch als mittelalterliches Heldenepos überliefert ist.

König Laurin war der Herrscher über das Zwergenvolk, das in den Bergen nach Erzen und Edelsteinen schürfte. Er hatte einen prächtigen unterirdischen Palast aus Bergkristall und große Reichtümer, sein größter Stolz aber war der wunderbare Rosengarten vor dem Eingang zu seinem Palast.

Als eines Tages der König an der Etsch seine Tochter Similde vermählen wollte, lud er alle Adeligen der Umgebung zu einer Maienfahrt ein, nur König Laurin nicht. Dieser beschloss daraufhin, mit Hilfe seiner Tarnkappe als unsichtbarer Gast teilzunehmen. Dabei verliebte er sich freilich in die schöne Similde und entführte sie kurzerhand in seinen Palast.

Die Ritter, angeführt von Dietrich von Bern, nahmen die Verfolgung auf und stellten Laurin in seinem Rosengarten. Es kam zum Kampf, wobei Laurin sich einen Zaubergürtel umband, der ihm die Kraft von zwölf Männern verlieh. Dennoch geriet er gegen Dietrich von Bern in Bedrängnis, weshalb er auch seine Tarnkappe aufsetzte, die ihn unsichtbar machte. Die Ritter erkannten aber an der Bewegung der Rosen, wo sich der Zwergenkönig gerade befand, und konnten ihn so schließlich überwältigen und ihn seiner Zaubermittel berauben.

Laurin wurde als Gefangener nach Bern geführt, davor aber verfluchte er noch die Rosen, die ihn verraten hatten. Kein Menschenauge sollte diesen Garten jemals wieder erblicken, weder bei Tag noch bei Nacht! Laurin hat aber die Dämmerung vergessen und so kommt es, dass der Rosengarten immer noch beim Sonnenauf- und -untergang erblüht.

Sage aus Südtirol

Der fremde Garten

Einmal hat der Schutzmann Nickels von seinem Amtmann den Auftrag erhalten, als Händler verkleidet die Straßen vor der Stadt auf und ab zu gehen, um allzu rasch fahrende Wagen festzustellen. Er hat aber nicht viel ausrichten können, obwohl er den langen Tag Ohren und Augen offen gehabt hatte. Als er nun des Abends verdrossen heimkehren wollte, hörte er in halber Dämmerung noch einmal sehr flink ein Gefährt näherkommen. Er spähte aus, konnte aber noch nicht erkennen, was es war, gerad' zottelte ein alter Kohlenkarren zwischen ihm und dem Nahenden.

Das Sonderbare war dann: Statt eines schnellen Wagens galoppierten vor einer Kutsche sechs weiße Pferde einher. Und noch seltsamer war, dass der Kohlenfahrer überhaupt nichts von der hinter ihm aufkommenden Kutsche zu hören schien. Auf einmal war es auch, als ob die sich in den Karren schöbe und durch Kohlen, Bock und Pferde wie durch Wasser hindurch weiterführe.

Nickels war ein junger Kerl und mit fünf gesunden Sinnen begabt. Er fasste sich mit beiden Händen an die Stirn, überlegte blitzartig, ob er leibhaftig im Leben stünde und war zugleich verdutzt über die rasche Fahrt der Ankommenden. Es dauerte auch nur einen Augenblick und die sechs schäumenden Pferde waren dicht bei ihm. Der Schutzmann wich einen Schritt zur Seite und sprang, seiner Pflicht eingedenk, auf das Trittbrett, um den wilden Lenker festzustellen.

Der Wagen hat aber solche sausende Eile gehabt, dass Nickels gegen das Fenster gedrückt wurde und sich krumm und schief an die Tür klammern musste. Dann aber hielt er so jäh, dass der arme Fahrgast wieder kaum wusste, wo ihm sein Magen hing, und der Wagenschlag wurde aufgestoßen.

Was glaubt ihr? So an die dreißig bejahrte Männer sind nach und nach ausgestiegen, sie müssen während der Fahrt ineinander gesessen haben. Und alle dreißig strebten durch einen Hohlweg auf ein großes Parkhaus zu. – Der Schutzmann, was sollte er anders tun, lief mit zu jenem Haus, vor dem ein älterer Mensch seine Gäste, einen nach dem andern, willkommen hieß. Bei Kord Nickels stutzte er, dann vergaß er den Händedruck, weil eine unbekannte junge Frau ihn anredete.

Kamen bald auch einige weitere Wagen wie zu einer großen Gesellschaft. Die Leute blieben im Garten, Diener reichten Getränke und Kuchen, man begrüßte sich und redete vielerlei von einem nahenden Zug der Frau Hertha oder Frau Holle, der vorüberfahren werde.

Kord Nickels wusste sich nicht anders zu helfen, er tat ebenfalls, als wenn er darauf warte. Er ging einher, als sei er einer der Geladenen, sprach hier und da ein paar Worte, obschon der Kopf sich ihm von all der Seltsamkeit wie ein großes Schwungrad drehte und schrieb im Geiste einen langen Bericht über dies ebenso verwunderliche wie verdächtige Ereignis an seinen Vorgesetzten.

Die Leute erwärmten sich an ihren Gesprächen, wurden lebhaft und lachten viel. Eine schöne, ein wenig blässliche Frau, die in diesem Garten zu wohnen schien, fand sich zu Nickels, sah ihn erstaunt an, erkundigte sich leise und besorgt, wie er hereingeraten wäre. Der Schutzmann hütete sich, es zu verraten. Da schritt sie mit ihm die Wege auf und ab, neckte ihn wegen seiner Schweigsamkeit und begann nach der großen Stadt draußen vorm Gartentor zu fragen, von der er käme. Es waren, so deuchten ihn, wohlhabende, ältere Männer aller Berufe, die sich auf den Wegen ergingen, der Schutzmann behielt sie gut im Auge. Nur die Frau, die ihn begleitete – eine hübsche Frau in großmütterlichem Kleid, einen Fächer in der Hand –, war jung an Jahren und hatte feines braunes Haar, das wenig zu den grauen Leuten rundum passte. Es ging auch ein Wesen von ihr aus, das Nickels näherstand als das der andern und ihn zu schützen suchte. Immer wenn der Gastgeber – Doktor Utenloh nannten sie ihn – vorüberkam, war es, als finge sie seine Augen, so dass er den Schutzmann übersah. Dafür sprach sie umso sorgsamer mit ihrem Begleiter – auch Nickels lobte den Garten. Er versuchte dabei immer noch, sich umzuhören, das alte Amtsgefühl war in ihm wach. Weitab und vor der Welt verborgen schien dies Haus zu liegen, in einen tiefen Wald eingelassen, von Drähten und Gittern umgeben. Aber der Garten war groß, voll von Rosen und weithin duftenden Beeten! Und ein Licht war rundum, gleichsam wie Sonnenschein ohne Sonne und fast ohne Schatten.

Die junge Frau fand wohl Gefallen an Nickels, sie blieb in seiner Nähe. »Kann Er denn tanzen?«, fragte sie ihn in ihrer altertümlichen Sprache.

Der Mann nickte, er hätte am liebsten gleich begonnen. Er hörte auch schon Musik, aber sie dünkte ihn von anderer Art, es war ein wundervolles Lied, das von einem Gartenwinkel herüberscholl.

»Kann Er wieder zum Tor hinaustanzen?«, fragte die Frau ihn ängstlich. »Er muss gehen, ehe die Frau Holle kommt!«

Kord Nickels verstand nicht, wie sie das meinte. »Zum Tor hinaus?«

»Ja, zum Tor hinaus, so wie Er hereingekommen ist!«

Ob die Frau ihm den Weg zeigen werde, fragte Nickels verwirrt.

»Ach«, seufzte sie rasch, »warum sollte ich wohl nach draußen tanzen? Ich hab' es gut und der Doktor Utenloh tut für mich, was er kann.« Sie dachte noch nach. »Nur wenn ein Junger hereingerät, erinnert man sich einmal daran, wie vergnügt es voreinst war, mit den Schwestern zum Ball zu gehen.«

»Ich weiß nicht«, stotterte Kord Nickels plötzlich und hatte es nötig, jemandem Vertrauen zu schenken, »ich weiß noch gar nicht recht, wer diese Herren sind und wie ich hierhergekommen bin.«

»Kann mir denken, dass Er das nicht weiß«, lachte die Frau, ihr Schleier wehte ihm ins Gesicht, »ich merkte es gleich und Er wird auch nicht mehr lange bleiben.«

»Warum nicht?«, fragte Nickels herausfordernd und fügte hinzu, dass es ihm hier recht behage.

Die Fremde blickte ihn an. »Ob er wohl wiederkommen möchte?«

»Aber ganz gewiss«, eiferte der Schutzmann und er werde sich nützlich machen. Die seltsame Nachbarin schwieg. »Er sieht, wenn Er im Dienst ist, mich einmal vorübergehen«, sagte sie dann halblaut, »lass Er nur, ich finde Ihn schon. Ich bin in jeder Neumond-Woche eine Mittagstunde in Seiner Stadt.«

»Ich möchte aber lieber hierbleiben«, stotterte der Schutzmann und er hätte es sich wirklich gern gewünscht.

»Gefällt es Ihm bei uns?«, lachte die Frau, schlug ihn mit dem Fächer und sah den fremden Gast von Kopf bis zu den Zehen an.

»Ich komme eine Stunde, bevor Er sterben muss«, fügte sie dann leise hinzu, »versteht Er mich?«

»Eine Stunde, bevor ich sterben muss?« Jetzt begann dem Mann doch zu grauen.

»Dann mag Er wissen, ob Er nach drüben gehen oder zu uns kommen will.«

»Drüben oder zu uns«, wiederholte Nickels, »was ist das für gottloses Zeug?«

»Gottlos darf Er nicht sagen, es ist ein Leben wie andere auch. Hör«, erklärte die Frau erschrocken, »Er wird jetzt fort müssen. Überleg Er sich's gut, ich frage Ihn, wenn die Stunde da ist!«

Es klang von vielen Geigen in der Luft, Spiele und Lieder kamen näher. »Tanzen möchte ich«, wünschte sich der arme Schutzmann noch einmal.

In dem Augenblick trat der Hausherr, den sie den Doktor Utenloh nannten, hinzu und sein unwilliger Blick stach Nickels bis ins Herz. Er wollte gerade nach einer Ausflucht suchen, sah aber nur, dass der Doktor eine riesengroße Hand hatte, die bis über die Bäume wuchs. Die schloss sich um den armen Nickels und schleuderte ihn wie einen Wurm mit ungeheurer Gewalt aus dem Garten hinaus.

Seltsam nur, der Mann fiel sehr sanft nieder, ungefähr da, wo der Wagen ihn aufgenommen hatte, es war, als habe ihn ein Frauenschleier wie ein Schirm getragen. Er fand auch, als er zu sich kam, ein Stück davon in seinen Händen, er hatte sogar die liebliche Musik des Gartens noch im Ohr, sie verklang erst langsam, wie ein Wind, der ferner zieht.

Dann raffte Kord Nickels sich auf, besann sich, tappte den Weg heim und tat seinen täglichen Dienst, wie er ihn zuvor jahrein, jahraus getan hatte.

Aber es verlässt ihn nicht, dass er eine Stunde vor seinem Tode wählen soll. Und er quält sich damit und weiß sich keinen Rat, was unrecht oder recht ist, hat abwechselnd Furcht und Mut. Mitunter, wenn er auf Posten steht und eine fremde Frau streift ihn im Vorbeigehen, versucht er sich des Gesichts im Garten zu erinnern. Die Stunde – denkt er dann – was werde ich in jener Stunde sagen?

Märchen aus Schleswig-Holstein

Großmütterchen Immergrün

Es war einmal eine kranke Mutter, die hatte Herzweh nach Erdbeeren und schickte deshalb ihre beiden Kinder ins Holz, dass sie ihr welche suchten. Als das Körbchen voll war, keins aber hatte eine gegessen, so lieb hatten sie die Mutter, da kam ein altes Mütterchen daher, das war ganz grün angezogen und sprach zu ihnen: »Ich bin hungrig und kann mich nicht mehr bücken, so alt bin ich, schenkt mir ein paar Erdbeeren.«

Und sie erbarmten sich der alten Frau und schütteten ihr das Körbchen in den Schoß. Als sie hierauf forteilten, um andere zu pflücken, rief das Mütterchen sie zurück, nahm sie bei der Hand und sagte: »Nehmt die Erdbeeren nur wieder, ich finde doch schon welche, und weil ihr ein so gutes Herz habt, schenke ich dir eine weiße und dir eine blaue Blume. Nehmt sie wohl in Acht, bringt ihnen alle Morgen frisches Wasser und zankt nicht miteinander!«

Sie dankten und eilten nach Hause. Als die Mutter die erste Erdbeere an die Lippen brachte, da war sie gesund, das hatte Großmütterchen Immergrün getan und als die Kinder die Geschichte erzählten, da dankte sie der holden Frau und freute sich der Kinder und so oft diese die Blumen ansahen, die immer frisch und lieblich waren, gedachten sie an das Wort: »Zankt nicht miteinander!«

Eines Abends jedoch entzweiten sie sich und gingen friedlos zu Bette und als sie am Morgen die Blumen tränken wollten – siehe! – da waren diese kohlrabenschwarz. Da erschraken sie, nahmen sie traurig in die Hand und weinten viele, viele Tränen auf die Blumen – und siehe! – die weiße wurde wieder weiß, die blaue wieder blau. Seit dem Tage haben sie immer Frieden miteinander gehalten und die Mutter hat sie gesegnet im Leben und im Tode, und sind also die Blumen ein großer Schatz für sie geworden und haben sie Großmütterchen Immergrün lieb gehabt bis an ihren Tod.

Märchen aus Deutschland

Von den zwölf Monaten

Es war eine Mutter, die hatte zwei Töchter, die eine war ihre eigene, die andere ihre Stieftochter. Die eigene Tochter hatte sie sehr lieb, die Stieftochter konnte sie nicht einmal ansehen, bloß darum, weil Maruschka schöner war als Holena. Die gute Maruschka wusste von ihrer Schönheit nichts, sie konnte sich gar nicht erklären, warum die Mutter so böse sei, sooft sie sie ansehe. Alle Arbeit musste sie selbst verrichten: die Stube aufräumen, kochen, waschen, nähen, spinnen, weben, Gras zutragen und die Kuh versorgen. Holena putzte sich nur und ging müßig. Aber Maruschka arbeitete gern, war geduldig und ertrug das Schelten, Fluchen der Schwester und der Mutter wie ein Lamm. Allein dies half nichts. Sie wurden von Tag zu Tag schlimmer, weil Maruschka je länger desto schöner, Holena desto garstiger ward. Die Mutter dachte: »Wozu soll ich die schöne Stieftochter im Hause leiden, wenn meine eigene Tochter nicht auch so ist? Die Burschen werden auf Brautschau kommen. Maruschka wird ihnen gefallen, Holena werden sie nicht haben wollen!« Von diesem Augenblicke an suchten sie die arme Maruschka loszuwerden, sie quälten sie mit Hunger, sie schlugen sie, doch sie ertrug es geduldig und ward von Tag zu Tag schöner. Sie ersannen Qualen, wie sie braven Menschen gar nicht in den Sinn gekommen wären.

Eines Tages – es war in der Mitte des Eismonats – wollte Holena Veilchen haben. »Geh, Maruschka, bring mir aus dem Walde einen Veilchenstrauß! Ich will ihn unter den Gürtel stecken und an ihm riechen!«, befahl sie der Schwester. »Ach Gott, liebe Schwester, was fällt dir ein! Habe nie gehört, dass unter dem Schnee Veilchen wachsen«, versetzte das arme Mädchen.

»Du nichtsnutziges Ding, du Kröte, du widersprichst, wenn ich befehle? Gleich wirst du in den Wald gehen und bringst du keine Veilchen, so schlag ich dich tot!«, drohte Holena. Die Stiefmutter fasste Maruschka, stieß sie zur Tür hinaus und schloss diese hinter ihr.

Das Mädchen ging bitter weinend in den Wald. Der Schnee lag hoch, nirgendwo war eine Fußstapfe. Die Arme irrte, irrte lange. Hunger plagte sie, Kälte schüttelte sie, sie bat Gott, er möchte sie lieber aus der Welt nehmen.

Da gewahrte sie in der Ferne ein Licht. Sie ging dem Glanze nach und kam auf den Gipfel eines Berges. Auf dem Gipfel brannte ein großes Feuer, um das Feuer lagen zwölf Steine, auf den Steinen saßen zwölf Männer. Drei waren graubärtig, drei waren jünger, drei waren noch jünger und die drei jüngsten waren die schönsten. Sie redeten nichts, sie blickten still in das Feuer. Die zwölf Männer waren die zwölf Monate. Der Eismonat saß obenan, der hatte Haare und Bart weiß wie Schnee. In der Hand hielt er einen Stab. Maruschka erschrak und blieb eine Weile verwundert stehen, dann aber fasste sie Mut, trat näher und bat: »Liebe Leute, erlaubt mir, dass ich mich am Feuer wärme, Kälte schüttelt mich!«

Der Eismonat nickte mit dem Haupte und fragte sie: »Weshalb bist du hergekommen, Mädchen? Was suchst du hier?«

»Ich suche Veilchen«, antwortete Maruschka.

»Es ist nicht an der Zeit, Veilchen zu suchen, wenn Schnee liegt«, sagte der Eismonat.

»Ich weiß wohl«, entgegnete Maruschka traurig, »allein Schwester Holena und die Stiefmutter haben mir befohlen, Veilchen aus dem Walde zu bringen, bringe ich sie nicht, so schlagen sie mich tot. Bitte schön, ihr Herren, sagt mir, wo ich deren finde!«

Da erhob sich der Eismonat, schritt zu dem jüngsten Monat, gab ihm den Stab in die Hand und sprach: »Bruder März, setz dich obenan!«

Der Monat März setzte sich obenan und schwang den Stab über dem Feuer. In dem Augenblicke loderte das Feuer höher, der Schnee begann zu tauen, Bäume trieben Knospen, unter den Buchen grünte Gras, in dem Grase keimten bunte Blumen und es war Frühling. Unter Gesträuch verborgen blühten Veilchen, eh sich Maruschka dessen versah, gab es ihrer so viele, als ob einer ein blaues Tuch ausgebreitet hätte.

»Schnell, Maruschka, pflücke!«, gebot der März. Maruschka pflückte freudig, bis sie einen großen Strauß beisammen hatte. Dann dankte sie den Monaten und eilte froh nach Hause.

Es wunderte sich Holena, es wunderte sich die Stiefmutter, als sie Maruschka sahen, wie sie einen Veilchenstrauß trug, sie gingen ihr die Tür zu öffnen und der Duft der Veilchen ergoss sich durch die ganze Hütte.

»Wo hast du sie gepflückt?«, fragte Holena störrisch. »Hoch auf dem Berge, dort wuchsen ihrer unter Gesträuch in Menge«, erwiderte Maruschka.

Holena nahm die Veilchen, steckte sie hinter den Gürtel, roch an ihnen und ließ die Mutter riechen, zur Schwester sagte sie nicht einmal: »Riech auch!«

Des anderen Tages saß Holena müßig beim Ofen und es gelüstete sie nach Erdbeeren. »Geh, Maruschka, bring mir Erdbeeren aus dem Walde!«, befahl Holena der Schwester.

»Ach Gott, liebe Schwester, wo werde ich Erdbeeren finden! Habe nie gehört, dass unter dem Schnee Erdbeeren wachsen«, versetzte Maruschka. »Du nichtsnutziges Ding, du Kröte, du widersprichst, wenn ich befehle? Gleich geh in den Wald und bringst du keine Erdbeeren, wahrlich, so schlage ich dich tot!«, drohte die böse Holena. Die Stiefmutter fasste Maruschka, stieß sie zur Tür hinaus und schloss diese fest hinter ihr.

Das Mädchen ging bitter weinend in den Wald. Der Schnee lag hoch, nirgendwo war eine Fußstapfe. Die Arme irrte, irrte lange, der Hunger plagte sie, Kälte schüttelte sie. Da gewahrte sie in der Ferne dasselbe Feuer, das sie den Tag zuvor gesehen hatte. Mit Freuden eilte sie darauf zu. Sie kam wieder zu dem großen Feuer, um welches die zwölf Monate saßen. Der Eismonat saß obenan. »Liebe Leute, erlaubt mir, dass ich mich am Feuer wärme, Kälte schüttelt mich«, bat Maruschka und trat zum Feuer.

Der Eismonat nickte mit dem Haupte und fragte: »Warum bist du wieder gekommen, was suchst du?«

»Ich suche Erdbeeren«, entgegnete Maruschka.

»Es ist nicht an der Zeit, Erdbeeren zu suchen, wenn Schnee liegt«, sagte der Eismonat.

»Ich weiß wohl«, antwortete Maruschka traurig, »allein Schwester Holena und meine Stiefmutter haben mir befohlen, Erdbeeren zu bringen, bringe ich sie nicht, so schlagen sie mich tot. Bitte schön, ihr Herren, sagt mir, wo ich deren finde!«

Der Eismonat erhob sich, schritt zum Monat, der ihm gegenübersaß, gab ihm den Stab in die Hand und sprach: »Bruder Juni, setz dich obenan!«

Der schöne Monat Juni setzte sich obenan und schwang den Stab über dem Feuer. In dem Augenblicke schlug die Flamme hoch empor, der Schnee zerschmolz alsbald, die Erde grünte, Bäume umhüllten sich mit Laub, Vögel begannen zu singen, mannigfaltige Blumen blühten im Walde und es war Sommer. Weiße Sternlein gab es, als ob sie einer dahin gesät hätte. Sichtbar aber verwandelten sich die weißen Sternlein in Erdbeeren, die Erdbeeren reiften schnell, ehe sich Maruschka dessen versah, gab es ihrer in dem grünen Rasen, als ob einer Blut ausgegossen hätte.

»Schnell, Maruschka, pflücke!«, gebot der Juni. Maruschka pflückte freudig, bis sie die Schürze voll hatte. Dann dankte sie den Monaten schön und eilte froh nach Hause.

Es wunderte sich Holena, es wunderte sich die Stiefmutter, als sie sahen, dass Maruschka wirklich Erdbeeren bringe, die ganze Schürze voll. Sie liefen, ihr die Tür zu öffnen, und der Duft der Erdbeeren ergoss sich durch die ganze Hütte! »Wo hast du sie gepflückt?«, fragte Holena störrisch.

»Hoch auf dem Berge, dort wachsen ihrer in Fülle unter den Buchen«, erwiderte Maruschka. Holena nahm die Erdbeeren, aß sich satt und gab auch der Mutter zu essen, zu Maruschka sagten sie nicht einmal: »Kost auch!«

Holena hatten die Erdbeeren geschmeckt und es gelüstete sie des dritten Tages nach roten Äpfeln. »Geh in den Wald, Maruschka, und bring mir rote Äpfel!«, befahl sie der Schwester.

»Ach Gott, liebe Schwester, woher sollen im Winter Äpfel kommen?«, versetzte die arme Maruschka.

»Du nichtsnutziges Ding, du Kröte, du widersprichst, wenn ich befehle? Gleich geh in den Wald und bringst du keine roten Äpfel, wahrlich, so schlag ich dich tot!«, drohte die böse Holena. Die Stiefmutter fasste Maruschka, stieß sie zur Tür hinaus und schloss diese fest hinter ihr.

Das Mädchen eilte bitter weinend in den Wald. Der Schnee lag hoch, nirgendwo war eine Fußstapfe. Allein das Mädchen irrte nicht umher, es ging gerade auf den Gipfel des Berges, wo das große Feuer brannte und die zwölf Monate saßen. Sie saßen dort, der Eismonat saß obenan. »Liebe Leute, erlaubt mir, dass ich mich am Feuer wärme, Kälte schüttelt mich«, bat Maruschka und trat zum Feuer.

Der Eismonat nickte mit dem Haupte und fragte: »Weshalb bist du wieder gekommen, was suchst du hier?«

»Ich suche rote Äpfel«, antwortete Maruschka.

»Es ist nicht an der Zeit«, sagte der Eismonat.

»Ich weiß wohl«, entgegnete Maruschka traurig, »allein Schwester Holena und meine Stiefmutter haben mir befohlen, rote Äpfel aus dem Wald zu bringen, bringe ich sie nicht, so schlagen sie mich tot. Bitte schön, ihr Herren, sagt mir, wo ich deren finde!«

Da erhob sich der Eismonat, schritt zu einem der älteren Monate, gab ihm den Stab in die Hand und sprach: »Bruder September, setz dich obenan!«

Der Monat September setzte sich obenan und schwang den Stab über dem Feuer. Das Feuer glühte rot, der Schnee verlor sich, aber die Bäume umhüllten sich nicht mit Laub, ein Blatt nach dem andern fiel ab und der kühle Wind verstreute sie auf den Rasen, eins dahin, das andere dorthin. Maruschka sah nie so viele bunte Blumen. Am Talhang blühte Altmannskraut, blühten rote Nelken, im Tale standen gelbliche Eschen, unter den Buchen wuchs hohes Farrenkraut und dichtes Immergrün. Maruschka blickte nur nach roten Äpfeln umher, sie gewahrte wirklich einen Apfelbaum und hoch auf ihm zwischen den Zweigen rote Äpfel.

»Schnell, Maruschka, schüttle!«, gebot der September.

Maruschka schüttelte freudig den Apfelbaum, es fiel ein Apfel herab. Maruschka schüttelte noch einmal, es fiel ein zweiter herab.

»Schnell, Maruschka, eile nach Hause!«, gebot der Monat. Maruschka gehorchte, nahm die zwei Äpfel, dankte den Monaten schön und eilte froh nach Hause.

Es wunderte sich Holena, es wunderte sich die Stiefmutter, als sie sahen, dass Maruschka Äpfel bringe. Sie gingen ihr zu öffnen. Maruschka gab ihnen die zwei Äpfel. »Wo hast du sie gepflückt?«

»Hoch auf dem Berge, sie wachsen dort und noch gibt es ihrer genug«, erwiderte Maruschka.

»Warum hast du nicht mehr gebracht? Oder hast du sie unterwegs gegessen?«, fuhr Holena zornig gegen sie los.

»Ach, liebe Schwester, ich habe keinen Bissen gegessen, ich schüttelte einmal, da fiel ein Apfel herab, ich schüttelte zum zweiten Mal, da fiel noch einer herab, länger zu schütteln erlaubten sie mir nicht. Sie hießen mich nach Hause zu gehen«, sagte Maruschka.

»Dass der Donner in dich fahre!«, fluchte Holena und wollte Maruschka schlagen.

Maruschka brach in Tränen aus und bat Gott, er solle sie lieber zu sich nehmen und sie nicht von der bösen Schwester und Stiefmutter erschlagen lassen. Sie floh in die Küche. Die genäschige Holena ließ das Fluchen und begann einen Apfel zu essen. Der Apfel schmeckte ihr so, dass sie versicherte, noch niemals in ihrem Leben so etwas Köstliches gegessen zu haben. Auch die Stiefmutter ließ es sich schmecken. Sie aßen die Äpfel auf und es gelüstete sie nach mehr. »Mutter, gib mir meinen Pelz! Ich will selbst in den Wald gehen«, sagte Holena. »Das nichtsnutzige Ding würde sie wieder unterwegs essen. Ich will schon den Ort finden und sie alle herabschütteln, ob es wer erlaubt oder nicht!«

Vergebens riet die Mutter ab. Holena zog den Pelz an, nahm ein Tuch um den Kopf und eilte in den Wald. Die Mutter stand auf der Schwelle und sah Holena nach, wie es ihr gehe.

Alles lag voll Schnee, nirgend war eine Fußstapfe zu schauen. Holena irrte, irrte lange, ihr Verlangen trieb sie immer weiter. Da gewahrte sie in der Ferne ein Licht. Sie eilte darauf zu. Sie gelangte auf den Gipfel, wo das Feuer brannte, um das auf zwölf Steinen die zwölf Monate saßen. Holena erschrak, doch bald fasste sie sich, trat näher zu dem Feuer und streckte die Hände aus, um sich zu wärmen. Sie fragte die Monate nicht: »Darf ich mich wärmen?«, und sprach kein Wort zu ihnen. »Was suchst du hier, warum bist du hergekommen?«, fragte verdrießlich der Eismonat.

»Wozu fragst du, du alter Tor? Du brauchst nicht zu wissen, wohin ich gehe!«, fertigte ihn Holena störrisch ab und wendete sich vom Feuer in den Wald. Der Eismonat runzelte die Stirn und schwang seinen Stab über dem Haupte. In dem Augenblick verfinsterte sich der Himmel, das Feuer brannte niedrig, es begann Schnee zu fallen, als ob einer ein Federbett ausschüttelte, eisiger Wind wehte durch den Wald. Holena sah nicht einen Schritt vor sich, sie irrte und irrte, stürzte in eine Schneewehe, ihre Glieder ermatteten und erstarrten. Unaufhörlich fiel Schnee, eisiger Wind wehte, Holena fluchte der Schwester, fluchte dem lieben Gott. Ihre Glieder erfroren in dem warmen Pelz.

Die Mutter harrte auf Holena, blickte zum Fenster, blickte zur Tür hinaus, konnte aber die Tochter nicht kommen sehen. Stunde auf Stunde verstrich, Holena kam nicht. »Vielleicht schmecken ihr die Äpfel so gut, dass sie sich nicht von ihnen trennen kann«, dachte die Mutter, »ich muss nach ihr sehen!« Sie zog ihren Pelz an, nahm ein Tuch um den Kopf und ging, Holena zu suchen.

Alles lag voll Schnee, nirgend war eine Fußstapfe zu schauen. Sie rief Holena, niemand meldete sich. Sie irrte, irrte lange, Schnee fiel dicht, eisiger Wind wehte. Maruschka kochte das Essen, versorgte die Kuh, doch weder Holena noch die Stiefmutter kam.

»Wo bleiben sie so lange?«, sprach Maruschka zu sich und setzte sich zum Spinnrocken. Schon war die Spindel voll, schon dämmerte es in der Stube und es kam weder Holena noch die Stiefmutter. »Ach Gott, was ist ihnen zugestoßen!«, klagte das Mädchen und sah zum Fenster hinaus. Der Himmel strahlte von Sternen, die Erde glänzte von Schnee, es ließ sich niemand sehen, traurig schloss Maruschka das Fenster, machte das Kreuz und betete ein Vaterunser für die Schwester und Mutter. Des anderen Tages wartete sie mit dem Frühstück, wartete sie mit dem Mittagsmahl, doch sie erwartet weder Holena noch die Stiefmutter. Beide waren im Wald erfroren. Der guten Maruschka blieb die Hütte, die Kuh und ein Stückchen Feld, es fand sich auch ein Hauswirt dazu und beide lebten in Frieden glücklich miteinander.

Märchen aus der Slowakei

Odysseus und Laertes

Am andern Morgen hatte sich Odysseus in aller Frühe reisefertig gemacht. »Liebes Weib«, sprach er zu Penelope, »wir haben bisher den Becher des Leides bis zur Neige geleert: du mein Ausbleiben beweinend, ich durch Zeus und andere Götter von der Heimkehr ins Vaterland abgehalten. Jetzt, nachdem wir beide wieder vereinigt sind, unsere Herrschaft, unser Besitz uns wieder gesichert ist, sorge du für alles Gut, das mir im Palaste noch geblieben ist. Was die Freier in ihrer Üppigkeit uns verprasst haben, das werden uns teils die Geschenke, mit welchen sie zuletzt ihre Bewerbung unterstützt haben, teils Raub und Gaben, die ich aus der Fremde mitbringe, reichlich ersetzen, so dass unsere Meierhöfe bald wieder gefüllt sein werden. Ich selbst aber will mich jetzt auf das Landgut hinaus begeben, wo mein guter, alter Vater mich schon so lange betrauert. Ich rate dir aber, da das Gerücht von der Ermordung der Freier sich doch allmählich in der Stadt verbreiten muss, dass du mit deinen Dienerinnen dich in die Frauengemächer zurückziehest und niemand Gelegenheit gebest, dich zu schauen und zu befragen.«

So sprach Odysseus, warf sich sein Schwert um die Schulter und weckte nun auch seinen Sohn Telemach und die beiden Hirten, die sofort alle drei auf seinen Befehl gleichfalls die Waffen ergriffen und mit dem ersten Frühlichte, den Helden an der Spitze, durch die Stadt eilten. Ihre Beschützerin aber, Pallas Athene, hüllte die Wandelnden in einen dichten Nebel, so dass kein einziger Bewohner der Stadt sie erkannte. Es dauerte nicht allzu lange, so hatten die vier Wanderer den lieblich gelegenen, wohlgeordneten Meierhof des greisen Laertes erreicht. Es war eines der ersten Güter, das der Vater des Odysseus zum Ererbten an sich gebracht hatte. In der Mitte des Hofes lag, von Wirtschaftsgebäuden umringt, das Wohnhaus. Hier aßen und schliefen die Knechte, die ihm das Feld bestellten. Ebendaselbst wohnte auch eine alte Sizilierin, die auf dem einsamen Landgute den alten Mann mit größter Sorgfalt pflegte. Als sie nun vor der Wohnung standen, sprach Odysseus zum Sohne und zu den Hirten: »Betretet ihr einstweilen das Haus und schlachtet ein auserlesenes Mastschwein für unser Mittagsmahl. Ich selbst will aufs Feld hinausgehen, wo der gute Vater ohne Zweifel bei der Arbeit ist, und ihn auf die Probe stellen, ob er mich wohl noch erkennt. Es wird nicht lange währen, so kehre ich mit ihm zurück und wir feiern das fröhliche Mahl.« Odysseus reichte seinen Genossen Schwert und Speer und diese wandten sich der Wohnung zu. Er schlug nun den Weg nach den Pflanzungen seines Vaters ein und kam zuerst durch den Wurzgarten. Vergebens sah er sich hier nach dem Oberknecht Dolios, seinen Söhnen und den übrigen Knechten um. Sie waren alle ins Feld hinausgegangen, um Dornsträucher zu suchen und damit eine Einfriedung um die Baumpflanzung herzustellen. Als der König in dieser letzteren angekommen war, fand er endlich den alten Vater selbst, zwischen den schönen Reihengängen seiner Bäume stehend, wie er eben beschäftigt war, ein kleines Bäumchen zu umgraben. Der Greis sah einem alten Knechte nicht unähnlich: Er hatte einen groben, schmutzigen, an vielen Stellen geflickten Leibrock an, um die Beine trug er eine paar alte Felle von Ochsenleder, um sich damit gegen die Dornen zu schützen, an den Händen Handschuhe, auf dem Kopfe eine alte Mütze von Geißfell. Als Odysseus seinen Vater in diesem elenden Aufzuge erblickte, gebeugt vom Alter, die Spuren des tiefsten Kummers auf dem Gesichte, musste sich der Held vor Schmerz an den Stamm eines Birnbaums lehnen und weinte bitterlich. Am liebsten hätte er den Vater unter Küssen umarmt und ihm auf einmal gesagt, dass er sein Sohn und ins Land der Väter zurückgekehrt sei. Doch fürchtete er, die unerwartete Freude könne dem Greise schädlich sein, so beschloss er, ihn darauf vorzubereiten und mit leisem Tadel sein Herz auf die Probe zu stellen. So trat er denn, während der Alte mit gebücktem Haupte eifrig die Erde um den jungen Baumspross auflockerte, diesem näher und begann also: »Greis, du scheinst dich recht gut auf den Gartenbau zu verstehen. Reben-, Oliven-, Feigen-, Birn- und Apfelbäume, alle sind aufs beste gepflegt, auch den Blumen- und Gemüsebeeten fehlt es nirgends an der nötigen Sorge. Aber an einem fehlt es dir doch und nimm es mir nicht übel, dass ich dir's ehrlich sage: Du selbst scheinst nicht gehörig gepflegt zu werden, Alter, dass du in solchem Schmutz und so hässlicher Kleidung einhergehst! Von deinem Herrn – ist das nicht wohlgetan. Auch scheint mir deine eigene Trägheit nicht an dieser Behandlung schuld zu sein. Betrachtet man deine Gestalt und Größe, so findet sich gar nichts Knechtisches an dir, du hast vielmehr ein königliches Aussehen, ein Mann wie du verdiente es, gebadet und wohlgespeist auszuruhen, wie man's den Alten gönnen mag. So sage mir doch, wer ist dein Herr und für wen bestellst du diesen Garten? Und ist dieses Land wirklich Ithaka, wie mir ein Mann, dem ich eben begegnete, gesagt hat? Es war übrigens ein unfreundlicher Mensch, er antwortete mir nicht einmal, als ich ihn fragte, ob mein Gastfreund noch lebe, den ich hier besuchen will. In meiner Heimat habe ich nämlich vor langer Zeit einen Mann beherbergt – es ist noch nie ein lieberer Gast über meine Schwelle gekommen. Dieser stammte von Ithaka und erzählte mir, dass er ein Sohn des Königs Laertes sei, ich bewirtete den werten Freund aufs allerbeste und reichte ihm ein stattliches Ehrengeschenk, als er von mir schied: sieben Talente des feinsten Goldes, einen silbernen Krug mit den schönsten Blumengewinden vom selben Metall, zwölf Teppiche, ebenso viele Leibröcke, Mäntel und vier schmucke, kunstbegabte Mägde, die er sich selbst auslesen durfte«, so fabelte der erfindungsreiche Odysseus. Sein Vater aber hatte bei dieser Nachricht das Haupt vom Boden aufgerichtet, Tränen waren ihm in die Augen getreten und er sprach: »Freilich, guter Fremdling, bist du in das Land gekommen, nach welchem du fragtest. Aber es wohnen mutwillige, frevelhafte Menschen darin, die du mit allen deinen Geschenken nicht zu sättigen vermöchtest. Der Mann, welchen du suchst, ist nicht mehr da. Hättest du ihn noch lebend auf Ithaka getroffen, o wie reichlich hätte er deine schönen Geschenke dir vergolten! Aber sage mir, wie lange ist es her, dass dein unglücklicher Gastfreund, mein Sohn, dich besucht hat? Denn er ist es gewesen, mein armer Sohn, der jetzt vielleicht irgendwo im tiefen Meeresgrunde liegt oder dessen Fleisch die wilden Tiere und die Raubvögel verzehrt haben. Nicht die Eltern haben ihm das Totenhemd angezogen, nicht seine edle Gattin Penelope hat schluchzend am Bette des Gatten geweint und ihm die Augen zugedrückt! Aber wer und woher bist denn du? Wo ist dein Schiff, wo sind deine Genossen? Oder kamst du auf einem gedungenen Fahrzeug als Reisender und bist allein an unserm Ufer ausgestiegen?« – »Ich will dir nichts vorenthalten, edler Greis«, antwortete Odysseus, »ich bin Epereitos, der Sohn des Apheidas aus Alybas, ein Sturm hat mich wider Willen von Sikanien an euer Gestade getrieben, wo mein Schiff nicht ferne von der Stadt vor Anker liegt. Fünf Jahre sind's, dass dein Sohn Odysseus meine Heimat verlassen hat. Er ging fröhlichen Mutes und Glücksvögel begleiteten ihn. Wir gedachten, uns noch oft als Gastfreunde zu sehen und uns gegenseitig schöne Gaben zu verehren.« Dem alten Laertes wurde es Nacht vor den Augen, mit beiden Händen langte er nach der schwarzen Erde, streute sie sich auf sein schneeweißes Haupt und fing laut zu jammern an. Jetzt wallte dem Sohn das Herz über, der Atem wollte ihm die Brust zersprengen, er stürzte auf seinen Vater zu, umschlang ihn unter Küssen und rief: »Ich selbst bin es, Vater, ich selbst, nach welchem du fragst! Im zwanzigsten Jahre bin ich in die Heimat zurückgekommen. Trockne deine Tränen, gib allem Jammer Abschied, denn ich sage dir's kurz: Alle Freier habe ich in unserm Palaste erschlagen!« Staunend blickte ihn Laertes an und rief laut aus: »Wenn du wirklich Odysseus, wenn du mein heimgekehrter Sohn bist, so gib mir ein unzweifelhaftes Zeichen, auf dass ich es glaube!« – »Vor allen Dingen«, erwiderte Odysseus, »sieh hier die Narbe, lieber Vater, die von der Wunde des Ebers auf jener Jagd herrührte, als ihr mich selbst, du und die gute Mutter, zu ihrem alten Vater Autolykos schicktet, dass ich die Gaben, die er mir einst verheißen hatte, bei ihm abholen sollte. Aber du sollst auch noch ein zweites Zeichen haben: Ich will dir die Bäume zeigen, die du mir einst geschenkt hast. Denn als ich noch ein kleines Kind war und dich in den Garten begleitete, da gingen wir zwischen den Reihen umher, du zeigtest und benanntest mir die verschiedenen Gattungen. Dreizehn Birnbäume hast du mir geschenkt, zehn Apfelbäume, vierzig kleine Feigenbäume und fünfzig Weinreben dazu, die jeden Herbst voll prächtiger Trauben stehen müssen.« Der Greis konnte nicht mehr zweifeln, er sank am Herzen seines Sohnes in Ohnmacht. Dieser hielt ihn aufrecht mit den nervigen Armen. Endlich, als sein Bewusstsein zurückgekehrt war, rief er mit lauter Stimme: »Zeus und ihr Götter alle, ja, ihr lebet noch, sonst wären die Freier nicht bestraft worden! Aber jetzt ängstigt mich eine neue Sorge um dich, mein Sohn. Die edelsten Häuser in Ithaka und den Inseln sind durch dich verwaist, die Stadt, die ganze Nachbarschaft wird sich gegen dich erheben.« – »Sei guten Mutes, lieber Vater«, sprach Odysseus »und lass dich das jetzt nicht bekümmern. Folge mir zu deinem Wohnhause, dort harren schon dein Enkel Telemach, der Rinderhirt und der Sauhirt und haben uns das Morgenessen bereitet.«

So gingen sie beide zusammen in das Landhaus, wo sie den Telemach und die Hirten schon mit Zerlegung des Fleisches beschäftigt fanden und der rote Festwein eingeschenkt in den

Pokalen perlte. Noch vor dem Schmause wurde Laertes auf Veranstaltung seiner treuen alten Dienerin gebadet, gesalbt und legte zum ersten Male nach langen Jahren wieder sein schönes, fürstliches Gewand an. Während er sich damit bekleidete, nahte sich ihm unsichtbar die Göttin Pallas Athene und verlieh auch dem Greise aufrechten Wuchs und Hoheit der Gestalt. Als er wieder zu den andern eintrat, blickte sein Sohn Odysseus verwundert an ihm empor und sprach: »Vater, sicherlich hat einer der unsterblichen Götter dir Gestalt und Wuchs verherrlicht!« – »Ja, bei allen Göttern«, sagte Laertes, »wäre ich, wie ich mich heute verjüngt und kräftig fühle, gestern bei dir im Saale gestanden und hätte an deiner Seite gekämpft, fürwahr, es wäre mancher Freier sterbend vor mir ins Knie gesunken!«

So wechselten sie miteinander freudige Gespräche und setzten sich endlich alle ums Mahl. Jetzt kam auch der alte Meier Dolios samt seinen Söhnen, müde von der Feldarbeit, zurück. Über die Schwelle getreten, sahen sie den König Odysseus dasitzen, erkannten ihn und standen staunend, wie in den Boden gewurzelt. Odysseus aber redete ihnen freundlich zu: »Geschwind, Alter, setze dich mit deinen Söhnen zu uns ans Mahl, wir harren schon lange auf euch! Nehmt euch ein andermal Zeit zum Staunen.« Da eilte Dolios mit ausgebreiteten Armen auf den Helden zu, ergriff seine Hand und bedeckte sie mit Küssen. »Lieber Herr, Heil dir und Segen«, rief er, »nachdem du unser aller Wunsch erfüllt hast und endlich heimgekommen bist! Sage mir, weiß es Penelope schon, oder sollen wir ihr Botschaft zukommen lassen?« – »Sie weiß alles«, antwortete Odysseus, »du brauchst dich nicht zu bemühen.« Da setzte sich Dolios zum Mahle, seine Söhne drängten sich um Odysseus, drückten ihm die Hände und hießen ihn willkommen, dann nahmen auch sie an der Seite ihres Vaters Platz, und alles schmauste fröhlich zusammen.

Sage des klassischen Altertums

Die goldenen Äpfel
der Hesperiden

Einst bei feierlicher Vermählung des Zeus mit Hera, als alle Götter dem erhabenen Paare ihre Hochzeitsgeschenke darbrachten, wollte auch Gaia, die Erde, nicht zurückbleiben, sie ließ am Westgestade des großen Weltmeeres einen ästereichen Baum voll goldener Äpfel hervorwachsen. Vier Jungfrauen, Hesperiden genannt, Töchter der Nacht, waren die Wärterinnen dieses heiligen Gartens, den außerdem noch ein hundertköpfiger Drache bewachte, Ladon, ein Sprössling des Phorkys, des berühmten Vaters so vieler Ungeheuer und der erdgeborenen Keto. Kein Schlaf kam je über die Augen dieses Drachen und ein fürchterliches Gezisch verkündete seine Nähe, denn jede seiner hundert Kehlen ließ eine andere Stimme hören. Diesem Ungeheuer, so lautete der Befehl des Eurystheus, sollte Herakles die goldenen Äpfel der Hesperiden entreißen. Der Halbgott machte sich auf den langen und abenteuervollen Weg, auf welchem er sich dem blinden Zufall überließ, denn er wusste nicht, wo die Hesperiden wohnten. Zuerst gelangte er nach Thessalien, wo der Riese Termeros hauste, der alle Reisenden, denen er begegnete, mit seinem harten Hirnkasten zu Tode rannte. Aber an des göttlichen Herakles Schädel zersplitterte das Haupt des Riesen. Weiter vorwärts, am Flusse Echedoros, kam dem Helden ein anderes Ungetüm in den Weg, Kyknos, der Sohn des Ares und der Pyrene. Dieser, von dem Halbgotte nach den Gärten der Hesperiden befragt, forderte statt aller Antwort den Wanderer zum Zweikampf heraus und wurde von Herakles erschlagen. Da erschien Ares, der Gott selbst, den getöteten Sohn zu rächen, und Herakles sah sich gezwungen, mit ihm zu kämpfen.

Aber Zeus wollte nicht, dass seine Söhne Bruderblut vergössen und ein plötzlich mitten zwischen beide geschleuderter Blitz trennte die Kämpfer, Herakles schritt nun weiter durchs illyrische Land, eilte über den Fluss Eridanos und kam zu den Nymphen, den Töchtern des Zeus und der Themis, die an den Ufern dieses Stromes wohnten. Auch an sie richtete der Held seine Frage. »Geh zu dem alten Stromgotte Nereus«, war ihre Antwort, »der ist ein Wahrsager und weiß alle Dinge. Überfalle ihn im Schlafe und binde ihn, so wird er, gezwungen, den rechten Weg dir angeben.« Herakles befolgte diesen Rat und bemeisterte sich des Flussgottes, obgleich dieser nach seiner Gewohnheit sich in allerlei Gestalten verwandelte. Er ließ ihn nicht eher los, bis er erkundet hatte, in welcher Weltgegend er die goldenen Äpfel der Hesperiden antreffen werde. Hierüber belehrt, durchzog er weiter Libyen und Ägypten. Über das letztere Land herrschte Busiris, der Sohn des Poseidon und der Lysianassa. Ihm war bei einer neunjährigen Teurung durch einen Wahrsager aus Cypern das grausame Orakel geworden, dass die Unfruchtbarkeit aufhören solle, wenn dem Zeus jährlich ein fremder Mann geschlachtet würde. Zum Danke machte Busiris den Anfang mit dem Wahrsager selbst, allmählich fand der Barbar Gefallen an dieser Gewohnheit und schlachtete alle Fremdlinge, welche nach Ägypten kamen. So wurde denn auch Herakles ergriffen und zu den Altären des Zeus geschleppt. Er aber riss die Bande, die ihn fesselten, entzwei und erschlug den Busiris mitsamt seinem Sohn und dem priesterlichen Herold. Unter mancherlei Abenteuern zog der Held weiter, befreite, wie schon erzählt worden ist, den an den Kaukasus geschmiedeten Titanen Prometheus und gelangte endlich nach der Anweisung des Entfesselten in das Land, wo Atlas die Last des Himmels trug und in dessen Nähe der Baum mit den goldenen Äpfeln von den Hesperiden gehütet wurde. Prometheus hatte dem Halbgott geraten, sich nicht selbst dem Raube der goldenen Früchte zu unterziehen, sondern den

Atlas auf diesen Fang auszusenden. Er selbst erbot sich dafür diesem, solange das Tragen des Himmels auf sich zu nehmen. Atlas zeigte sich willig und Herakles stemmte die mächtigen Schultern dem Himmelsgewölbe unter. Jener dagegen machte sich auf, schläferte den um den Baum sich ringelnden Drachen ein, tötete ihn, überlistete die Hüterinnen und kam mit drei Äpfeln, die er gepflückt, glücklich zu Herakles.

»Aber«, sprach er, »meine Schultern haben nun einmal empfunden, wie es schmeckt, wenn der eherne Himmel nicht auf ihnen lastet. Ich mag ihn fürder nicht wieder tragen.« So warf er die Äpfel vor dem Halbgott auf den Rasen und ließ diesen mit der ungewohnten, unerträglichen Last stehen. Herakles musste auf eine List sinnen, um loszukommen. »Lass mich«, sprach er zu dem Himmelsträger, »nur einen Bausch von Stricken um den Kopf winden, damit mir die entsetzliche Last nicht das Gehirn zersprengt.« Atlas fand die Forderung billig und stellte sich, nach seiner Meinung auf wenige Augenblicke, dem Himmel wieder unter. Aber er konnte lange warten, bis Herakles ihn wieder ablöste und der Betrüger wurde zum Betrogenen. Denn jener nahm die Früchte vom Rasen auf und ging davon. Er brachte sie dem Eurystheus, der sie, da sein Zweck, den Herakles aus dem Wege zu räumen, doch nicht erreicht war, dem Helden wieder als Geschenk zurückgab. Dieser legte sie auf dem Altare Athenes nieder: Die Göttin aber wusste, dass es der heiligen Bestimmung dieser göttlichen Früchte zuwider war, irgendwo aufbewahrt zu werden, und so trug sie die Äpfel wieder in den Garten der Hesperiden zurück.

Sage des klassischen Altertums

Die Zarentochter
im unterirdischen Reich

Es waren einmal ein Zar und eine Zarin, die hatten einen Sohn und eine Tochter. Sie befahlen dem Sohn, seine Schwester zu heiraten, wenn sie sterben würden. War's lange darauf oder kurz? – da starben der Zar und die Zarin. Nun hieß der Bruder seine Schwester, sich zur Hochzeit bereitzumachen und ging, den Popen zu bitten, sie zu trauen. Die Schwester begann sich anzukleiden, machte drei Puppen, setzte sie auf die Fenster, stellte sich selbst in die Mitte der Stube und rief: »Püppchen, kuckuck!« Die erste Puppe sagte: »Was willst du?« Die zweite: »Der Bruder nimmt die Schwester!« Die dritte: »Erde öffne dich, Schwester versinke!« Und ebenso antworteten sie beim zweiten und dritten Male. Dann kam der Bruder und fragte die Schwester: »Hast du dich nun ganz angekleidet?« Die Schwester antwortete: »Nein, noch nicht ganz.« Da ging er in seine Gemächer und wartete, bis die Schwester sich angekleidet haben würde. Sie rief aber nochmals: »Püppchen, kuckuck!« Die erste Puppe sagte: »Was willst du?« Die zweite: »Der Bruder nimmt die Schwester!« Die dritte: »Erde öffne dich, Schwester versinke!« Da versank sie und gelangte in die andere Welt. Als aber der Bruder wieder hinging, fand er die Schwester nicht mehr und blieb nun allein.

Als die Zarentochter in die andere Welt versunken war, ging sie immer weiter und kam zu einer Eiche. Dort zog sie sich aus, die Eiche öffnete sich und in die Höhlung legte die Zarentochter ihre Kleider, dann verwandelte sie sich in ein altes Weib und ging weiter. So wanderte sie lange, bis sie zum Palast des Zaren kam. Sie trat ein und bat, man möge sie als Magd dingen. Da nahm man sie auf und ließ sie die Öfen heizen. Der Zar, bei dem sie diente, hatte einen ledigen Sohn. Und als der Sonntag kam, machte sich der Zarensohn bereit, in die Kirche zu gehen, und befahl der Alten, ihm einen Kamm zu reichen. Doch als sie ihn nicht gleich brachte, geriet er in Zorn und schlug sie auf die Backe. Dann machte er sich fertig und fuhr zur Kirche. Die Zarentochter, die alte Frau, ging zur Eiche, wo sie ihre Kleider verwahrt hatte, und die Eiche öffnete sich. Sie kleidete sich an, ward wieder zur schönen Zarentochter und ging in die Kirche. Der Zarensohn erblickte sie dort und fragte einen Diener, woher die Jungfrau wohl sei. Der Diener aber hatte sie als die Alte erkannt, die in den Gemächern die Öfen heizte, und wusste, dass der Zarensohn sie mit dem Kamm geschlagen hatte, daher antwortete er: »Sie ist aus der Stadt Kammschlag.« Der Zarensohn fuhr heim, suchte und suchte nach dieser Stadt in seinem Reich und fand sie nicht.

Danach geschah es einmal, dass der Zarensohn wieder in Zorn geriet und die Alte mit einem Stiefel schlug und bald darauf fuhr er zur Kirche. Dort war auch sie wieder in den Kleidern, die sie in der Eiche verborgen hatte. Als der Zarensohn die unbekannte Schöne abermals erblickte, fragte er seinen Diener, woher die Jungfrau wohl sei. Der Diener antwortete: »Sie ist aus Stiefelschlag.« Der Zarensohn suchte und suchte nach dieser Stadt in seinem Reich und fand sie nicht.

Da fing er an zu grübeln und zu sinnen, wie er mit seiner fremden Schönen wohl bekannt werden könne, denn er hatte sie liebgewonnen und wollte sie heiraten. Und er dachte sich eine List aus und ließ auf die Stelle, wo sie in der Kirche zu stehen pflegte, Pech hingießen, doch so, dass sie es nicht merken konnte. Am Sonntag kam die Zarentochter in ihren schönen Kleidern in die Kirche und stellte sich auf den gewohnten Platz. Der Gottesdienst war zu Ende, doch als sie ihren Platz verlassen wollte, um heimzugehen, klebte der Pantoffel am Pech und blieb stecken. So ging sie denn nur in einem Pan-

toffel nach Hause. Der Zarensohn befahl, den andern mitzu-
nehmen, brachte ihn heim und maß ihn allen Jungfrauen an,
die in seinem Reiche waren. Aber keiner passte der Pantoffel
auf den Fuß, außer der Alten, die die Öfen heizte. Da fragte
der Zarensohn die Alte aus und sie bekannte, wer sie sei und
woher. Und er nahm sie zur Frau.

Auf der Hochzeit war ich,
Met und Wein trank ich,
In den Mund nicht kam es,
Übern Bart da floss es.

Russisches Märchen

Es geschah einmal, dass im Garten der schönen Frau Holle die Apfelbäume nicht mehr gediehen.

Nun lebte aber unten auf der Erde eine alte Frau und deren Apfelbäume standen im Frühling in herrlicher Blüte und wenn der Herbst kam, senkten sich die Äste voll reifer Äpfel.

Da sprach die schöne Frau Holle zu ihrem Liebsten, dem Junker Tod: »Reite hinab zur Erde und hole mir die Alte herauf. Sie hat nun lange genug auf der Erde gelebt.«

Und so ritt der Junker Tod hinab zu der Erde, klopfte bei der Alten und sprach zu ihr: »Du hast nun so lange auf der Erde gelebt. Im Garten der schönen Holle gedeihen die Apfelbäume nicht mehr. Deshalb soll ich dich abholen, dass du dort die Apfelbäume pflegst.«

Nun hatte die Alte überhaupt keine Lust, die Erde jetzt schon zu verlassen, und sie sprach zum Tod: »Dann hab' ich jetzt auch noch eine Bitte: Lass uns noch einmal Karten spielen. Weißt du, ich habe am Kartenspiel immer eine Freude gehabt. Und wir machen es so, gewinne ich, dann musst du mich hier lassen, gewinnst du, darfst du mich mitnehmen.«

Der Tod war einverstanden und dachte, dass er die Alte im Kartenspiel leicht besiegen könnte. Er wusste aber nicht, dass das Haus der Alten an einer Heerstraße lag und die Alte hatte immer mit den Landsknechten Karten gespielt. Sie kannte alle Kniffe. Die Alte mischte die Karten und gewann. Der Junker Tod runzelte die Stirne und sprach: »Lass uns noch einmal spielen.«

Dieses Mal mischte er die Karten. Aber siehe, wieder gewann die Alte und der Junker Tod sprach: »Jetzt lass uns noch einmal spielen!«

Die Alte erwiderte: »Gut, aber mehr als drei Spiele werden nicht gespielt. Das ist hier der Brauch. Über die Zahl drei bin ich nie hinweg gegangen und ich mache bei dir auch keine Ausnahme.«

Also spielten sie das dritte Spiel. Wiederum gewann die Alte und sie sprach zum Junker Tod: »Was gehen mich die Apfelbäume deiner Liebsten an, mir gefällt es noch in meinem Garten, hier auf der Erde.«

So ritt der Junker Tod traurig hinauf in den Garten der schönen Holle. Als er nun allein kam, da zürnte diese mit ihm und sprach: »Du darfst so lange mein Lager nicht mehr mit mir teilen, bis du mir die Alte heraufgebracht hast.«

Nun kamen die zwölf heiligen Nächte und der Junker Tod wusste, dass in diesen Nächten jedem die Türe geöffnet werden musste und sei es auch der größte Feind.

Er ritt wieder hinab zu der Alten und pochte an die Tür. Die Alte öffnete. Sie war jedoch nicht sehr erfreut, als sie den Tod schon wieder sah.

Der Junker Tod sprach: »In diesen zwölf Nächten hat jeder einen Wunsch frei, reite mit mir bis zur Gartenpforte meiner Liebsten und schau hinein. Und ich verspreche dir, wenn du nicht dort bleiben willst, werde ich dich wieder zurückbringen.«

Die Alte sprach: »Gut, ich kann dir diesen Wunsch nicht abschlagen, aber du musst es mir jetzt auch schwören und du weißt ein Schwur, ein Eid in den zwölf Nächten ist das Zwölffache wert.«

Und der Junker Tod, der schwor, dass er sie wieder zurückbringen würde zur Erde, wenn es ihr nicht gefallen würde und sie ritten hinauf in den Paradiesgarten.

Dort öffnete der Tod das Tor einen Spalt und sprach: »Schau einmal hinein.«

Die Alte schaute durchs Tor und da sah sie die schöne Holle und die hatte eine Krone auf aus lauter Sternen und sie war umgeben von lauter schönen jungen Mädchen. Aber die Apfelbäume, die sahen kläglich aus.

Da fragte der Junker Tod die Alte: »Wie gefällt dir denn der Garten, wie gefällt dir meine Liebste?«

»Ja, er gefällt mir schon, aber siehst du deine Liebste, sie ist umgeben von lauter jungen Frauen und schau doch mal mich an, wie alt und runzlig ich bin.«

Da sprach der Tod zu ihr: »Ja, weißt du denn nicht, wenn dich meine Liebste berührt, dann wirst du auch wieder jung und schön.«

»Ja,« zürnte da die Alte, »weshalb sagst du mir denn das nicht gleich und lässt mich noch drei Mal mit dir Karten spielen.« Und sie sprang hinein durch das Tor, die schöne Holle berührte sie, da war die Alte wieder jung und schön geworden.

Dann aber machte sie sich an die Pflege der Apfelbäume und seither gedeihen die Apfelbäume im Garten der Holle immer wunderbar, und der einen Apfel von diesen Bäumen bekommt, in den verliebt sich alle Welt.

Märchen aus Litauen

Die Holundermutter

Vor langer, langer Zeit, da lebte in Lothringen einmal ein Mann und dem starb seine Frau und sie hinterließ ihm nur eine einzige Tochter, das Mariele. Das Mariele war fröhlich und freundlich, half jedem Menschen und war die beste Spinnerin weit und breit.

Neben dem Mann wohnte eine Witwe, auch die hatte eine Tochter mit Namen Marie. Aber die Marie half keinem Menschen, war immer unfreundlich und spinnen wollte sie überhaupt nicht. So verschieden die beiden waren, gingen sie doch immer werktags zusammen zur Schule und am Sonntag zur Kirche.

Eines Tages sprach die Mutter der Marie zur Mariele des Mannes: »Mariele, ihr beiden Mädchen geht immer miteinander, sag doch deinem Vater, er ist allein, und ich bin allein. Wenn wir heiraten würden, könnten wir zusammenziehen und viel sparen an Licht und Feuerung.«

Das Mariele ging nun zu ihrem Vater und erzählte ihm, was ihr die Nachbarin gesagt, und da sprach dieser: »Ja, was soll ich denn tun? Das Heiraten ist ein Lotteriespiel. Aber wenn morgen der Holunderbaum im Hof in Blüte steht, soll das mir das Zeichen sein, die Nachbarin zur Frau zu nehmen.«

Siehe, als der Mann die Läden am nächsten Morgen aufschlug, stand der Holunderbaum in voller Blüte, obwohl es mitten im Winter, mitten in den zwölf heiligen Nächten war.

Da sprach er zu seiner Tochter: »Geh hinüber zur Nachbarin und sage ihr, der Holunderbaum habe mir das Zeichen gegeben, sie zur Frau zu nehmen.« Da kam die Nachbarin gleich gelaufen, und sie schwor ihm bei allem, was ihr hoch und heilig war, dass sie seine Tochter genauso halten würde wie die ihre. Das hat er auch zur Bedingung gemacht.

Am Anfang ging auch alles gut, denn da das Mariele eine fleißige Spinnerin war, hatten sie manchen Gewinn. Aber dann merkte die Frau, dass das Mariele bei den Leuten viel beliebter war. Vor allem die jungen Burschen sahen nur nach dem Mariele, und da fing eine schlimme Zeit an für diese. Die beiden Weiber quälten und plagten sie, wo sie nur konnten.

Eines Tages stießen sie das Mariele gegen das Spinnrad und da verletzte sich diese an der Hand, und die Kunkel[1] wurde blutig. Sie lief hinaus zum Brunnen, um sie abzuwaschen, und da fiel die Kunkel in den Brunnen hinab. Sie lief zurück und erzählte weinend der Mutter, was ihr widerfahren war. Da sprach diese: »Also, hast du die Kunkel in den Brunnen fallen lassen, holst du sie auch wieder herauf. Du setzt dich jetzt in den Schöpfeimer, ich lasse dich hinab, und irgendwo wirst du sie schon finden.«

Das Mariele weinte und zitterte und hatte große Angst. Als es aber im Schöpfeimer saß, kam plötzlich eine große Ruhe über sie. Die beiden ließen nun den Eimer tief hinab in den Brunnen und als er weit unten war, ließen sie den Hebel los und der Eimer sauste in den Brunnengrund. Die beiden gingen zurück und dachten, dass sie nun das Mariele für alle Zeit loshätten.

Das Mariele kam nun auf den Brunnengrund. Da sah es ein großes Tor. Sie schritt durch das Tor, kam zu einer blühenden Wiese, auf der stand ein Apfelbaum und der hing voll Äpfel, und die Äpfel riefen ihr zu: »Schüttle uns, schüttle uns, wir sind schon überreif.«

Das Mariele schüttelte die Äpfel, las alle zu einem großen Haufen zusammen, ging weiter und die Äpfel riefen ihr hinterher: »Sollst das Glück haben, das du verdienst.«

---

1 Kunkel, auch Rocken: Stab, um den das Fasergut beim Handspinnen gelegt wird.

Wie nun das Mariele weiterlief, kam es an einer Kuh vorüber, die einen silbernen Eimer an ihr Horn gebunden hatte, und die Kuh rief ihr zu: »Melke mich, melke mich, mein Euter ist übervoll.«

Das Mariele setzte sich, molk die Milch in den silbernen Eimer, ging weiter, und die Kuh rief ihr hinterher: »Sollst das Glück haben, das du verdienst.«

Wie nun das Mariele weiterging, kam es an einem Backofen vorüber, der war voller Brote, und die Brote riefen ihr zu: »Zieh uns heraus, zieh uns heraus, wir sind schon fertig gebacken.« Das Mariele nahm den Brotschieber, zog alles Brot heraus, legte alle in eine Reihe, ging weiter, und die Brote riefen ihr zu: »Sollst das Glück haben, das du verdienst.«

Wie nun das Mariele weiterging, kam es zu einem Häuschen, das inmitten eines Hofes voller Holunderbäume stand. Vor dem Häuschen saß eine alte Frau und die spann einen Faden, der war fein, wie aus Seide und aus purem Gold, und die Alte rief ihr zu: »Sei gegrüßt, ich kenne dich wohl. Willst du in meine Dienste treten? Du wirst die besten Tage bei mir haben. Du musst nur immer meine Gebote befolgen und vor allen Dingen musst du meine Betten schütteln, damit es zur richtigen Zeit auf der Erde regnet und schneit.«

»Gern trete ich in Eure Dienste«, sprach das Mariele, »aber wie heißt Ihr, wie muss ich Euch ansprechen.«

»Ich bin die Holundermutter«, sprach die Holundermutter. Sie ging in das Haus, das Mariele folgte ihr und hatte nun die besten Tage bei der Holundermutter. Sie befolgte deren Gebote, sie schüttelte auch immer die Betten richtig. So regnete und schneite es auf der Erde immer zur richtigen Zeit.

Als aber ein Jahr vorüber war, bekam das Mariele Heimweh, es machte sich auch Sorgen um seinen Vater.

Und da sprach die Holundermutter: »Geh zurück zu den Deinen und dein Lohn soll sein wie deine Arbeit.« Sie reichte ihr ein Säckchen mit Samen und sprach: »Säe diesen Samen auf dem Acker hinter deines Vaters Haus.«

Das Mariele sprang nun über die Wiese davon. Unter dem Tor aber, da wand sie sich noch einmal um, sie wollte der Holundermutter noch einmal zum Abschied zuwinken. Und siehe, da fiel ein goldener Regen herab und das Gold bedeckte das Mariele über und über. Ihre langen, seidenen Haare umhüllten sie wie ein goldener Mantel. In dem Augenblick kam der Eimer herabgerasselt in den Brunnengrund, das Mariele stieg ein, der Eimer wurde emporgezogen, sie wusste nicht von wem.

Sie sprang aus dem Brunnen und lief in den Hof. In dem Augenblick, als sie den Hof betrat, da fing der Holunderbaum an zu erblühen und der Gockel, der auf dem Misthaufen saß, krähte: »Kikeriki, unser goldenes Mariele ist wieder hier.«

Im Haus aber fiel das Mariele ihrem Vater um den Hals und erzählte ihm alles.

Nun kamen die beiden Weiber gelaufen, und die Frau wollte, dass ihre Marie das gleiche Glück haben müsse. Die Marie setzte sich in den Eimer, und die Mutter ließ sie in den Brunnengrund hinab. Die Marie schritt nun auch durch das Felsentor, kam zu der blühenden Wiese, auf der wiederum der Apfelbaum stand, und auch ihr riefen die Äpfel zu: »Schüttle uns, schüttle uns, wir sind schon überreif.«

»Dann verfault ihr halt«, sprach die Marie. »Ich habe keine Lust, einen von euch noch auf den Kopf zu bekommen.« Sie ging weiter und die Äpfel riefen ihr hinterher: »Sollst das Glück haben, das du verdienst.«

Die Marie schritt nun auch an der buntscheckigen Kuh vorüber, die wiederum den silbernen Eimer an ihr Horn gebunden hatte. Und die Kuh rief ihr zu: »Melke mich, melke mich, mein Euter ist übervoll.«

»Ich habe keine Lust, mich an dir schmutzig zu machen«, rief die Marie und ging weiter.

Und die Kuh rief ihr hinterher: »Sollst das Glück haben, das du verdienst.«

Die Marie schritt nun auch an dem Backofen vorüber, der wiederum voller Brote war. Und auch ihr riefen die Brote zu: »Zieh uns heraus, zieh uns heraus, wir sind schon fertig gebacken.«

»Dann verbrennt ihr halt, ich habe Wichtigeres zu tun.«

Sie ging weiter, die Brote riefen ihr hinterher: »Sollst das Glück haben, das du verdienst.«

Die Marie kam nun auch zu dem Häuschen im Holunderhof, und wieder saß die Holundermutter davor und spann einen Faden, dick wie ein Finger und schwarz wie aus purem Pech.

Die Marie trat ganz keck zur Holundermutter und verdingte sich als Magd. Die ersten Tage gingen ganz gut, denn sie dachte an den goldenen Lohn. Aber dann fiel sie in ihre alte Art zurück. Sie befolgte die Gebote der Holundermutter nicht, vor allen Dingen schüttelte sie nicht die Betten und so schneite es nicht auf der Welt, obwohl doch gerade die Winterszeit war.

Da sprach die Holundermutter zu ihr: »Ich kann dich nicht länger brauchen, geh' zurück zu den Deinen, dein Lohn soll sein wie deine Arbeit.« Sie reichte ihr ein Säckchen mit Samen und sprach: »Säe diesen Samen auf dem Acker, den deine Mutter dir hinterlässt.«

Die Marie rannte nun über die Wiese davon und dachte, unter dem Tor komme nun auch der goldene Regen. Ein Regen senkte sich herab, aber der war aus purem Pech und das Pech bedeckte sie über und über.

Und in dem Augenblick kam der Eimer herabgerasselt, sie stieg ein und dachte das Wasser des Brunnens würde das Pech hinweg nehmen. Aber das Pech blieb an ihr haften. Der Eimer wurde emporgezogen, sie wusste nicht von wem.

Oben sprang sie aus dem Brunnen, lief in den Hof und auf dem Misthaufen saß wiederum der Gockel und krähte: »Kikeriki, unsere Pechmarie ist wieder hier.«

Als sie aber das Haus betrat und ihre Mutter sie so sah, fiel diese vor Schreck tot um.

Nun haben die beiden Marien den Samen gesät, den sie von der Holundermutter empfangen haben.

Auf dem Acker der Marie sind lauter Dornen und Disteln gewachsen. Auf dem Acker des Mariele aber, da hat ein Flachs geblüht, so blau wie der Himmel selbst. Und als sie den Flachs gebrochen und versponnen hat, ist ein reicher Bauer gekommen und der hat das Mariele zur Frau genommen. Als der Holunderbaum wieder geblüht hat, haben sie Hochzeit gefeiert. Ihren Vater hat das Mariele mitgenommen, das Häusle haben sie der Marie gelassen, weil diese nicht mehr unter die Leute konnte.

Das Mariele aber ist eine reiche Bauersfrau geworden und der Trost aller Armen. Im Winter hat sie immer ihren Flachs versponnen, in den heiligen Nächten aber, da hat sie nicht gesponnen, denn sie wusste, dass dies die Holundermutter beleidigen würde.

In diesen Nächten aber hat sie dem Gesinde, den Kindern, den Nachbarn erzählt vom Reich der Holundermutter, bei der sie gewesen und mit deren Segen sie wieder zur Erde zurückkehrte.

Märchen aus Lothringen

Der Goldvogel

Es war einmal ein König, der hatte vier Söhne. Er hatte einen silbernen Baum und auf dem Baume wuchsen goldene Äpfel. In der Nacht aber kam ein Goldvogel in den Garten und stahl von den Äpfeln. Da ging der älteste Sohn hin und hielt Wache. Er wachte die ganze Nacht, aber er sah nichts. Dann ging der zweite Bruder als Wache, der sah auch nichts. Jetzt ging der dritte Bruder und hielt Wache, der sah aber auch nichts. Nun kam der allerjüngste Sohn zu seinem Vater und sprach: »Vater, lass mich einmal wachen!« Der Vater wollte ihn nicht gehen lassen, weil er noch so jung war, aber schließlich ließ er es zu. Der Knabe nahm ein Messer und eine Kanne voll Wasser. Mit dem Messer schnitt er sich einen Stock vom Baume und mit dem Wasser wusch er sich das Gesicht, um nicht einzuschlafen. Dann wachte er die Nacht auf dem Baume. Da kam der Vogel geflogen und der Knabe sprang vom Baum herunter und haschte nach ihm, um ihn zu fangen, aber er hatte nur eine Feder erwischt. Die strahlte wie lauter Feuer. Früh am Morgen ging er nach Hause und der Vater fragte ihn: »Nun, was hast du gesehen?« Und der Königssohn sprach: »Es flog ein Goldvogel in den Garten, aber als ich nach ihm griff, behielt ich nur eine Feder in der Hand.«

Da schickte der Vater den ältesten Sohn aus, den Vogel zu suchen. Er gab ihm ein gutes Pferd und dreihundert Taler mit auf den Weg. Der ritt drei Tage lang und als es Abend wurde, kam er an einen großen Wald, wo er nicht hindurch konnte und er kehrte wieder um. Danach zog der zweite Sohn aus und nach ihm der dritte, um den Wundervogel zu fangen. Der Vater gab jedem sechshundert Taler in den Beutel und sein allerbestes Pferd. Aber beiden erging es wie dem Ältesten.

Da bat der Jüngste wieder: »Vater, lass mich ausziehen und den Vogel suchen! Ich nehme die Feder als Kennzeichen mit.« Der Vater gab ihm ein Pferd und so viel Geld für die Reise, wie ein Pferd zu tragen vermochte. Und der Knabe ritt so lange, bis der Weg zu Ende war. Da kam er erst an einen großen Wald und dann vor eine große steinerne Mauer. Er ritt durch den Wald, ritt zwischen Tigern und Bären hin und kam auf eine breite Landstraße, wo drei Wegweiser standen. Auf dem ersten stand geschrieben:

»Gehst du den Weg, wirst du und dein Pferd gefressen.«

Auf dem zweiten stand:

»Du wirst gefressen, das Pferd bleibt am Leben.«

Und auf dem dritten war zu lesen:

»Das Pferd wird unter dir gefressen, du bleibst am Leben.«

Da überlegte der Knabe drei Tage lang, wohinaus er gehen sollte, und er ging schließlich den Weg, wo geschrieben stand: »Das Pferd wird gefressen, du bleibst am Leben.« Kaum hatte er den Weg betreten, als ein Löwe auf ihn lossprang und sein Pferd zerfiel unter ihm in zwei Hälften. Da weinte der Knabe drei Tage lang. Aber der Löwe kam und sprach: »Setz dich auf meinen Rücken.« Er tat, wie ihm geheißen wurde, und der Löwe sprang mit ihm drei Werst auf einmal. Als er ihn drei Tage getragen hatte, fragte er den Knaben: »Wohin willst du denn eigentlich?« Da sagte der Knabe: »Zu dem Goldvogel.« Da lief er wieder drei Tage mit dem Jungen auf dem Rücken.

Sie kamen an einen hohen Hügel, der maß sieben Klafter, und der Löwe sprang mit dem Jungen den Hügel hinauf. Dort war ein Zaun von großen Apfelbäumen und an dem Zaun hing ein prächtiger goldener Käfig, darin saß der Vogel. »Nimm den Vogel«, sprach der Löwe, »aber den Käfig nimm nicht!« Der Knabe sah auf, gewahrte den schönen Vogel und den noch schöneren Käfig und nahm den Vogel mit dem Käfig. Da kamen sie mit Stangen und Piken und fingen den Knaben. Sie ließen ihn nicht eher fort, als bis er versprach, ihnen aus dem andern Königreich ein flachsmähniges Ross zu bringen. Da lief er zu dem Löwen und sprach: »Sie haben mich gepackt und mir befohlen, aus dem andern Königreich ein flachsmähniges Ross zu bringen.« Da schalt ihn der Löwe tüchtig und sprach: »Den Vogel solltest du nehmen, aber nicht den Käfig.«

Dann setzte sich der Knabe wieder auf den Rücken des Löwen, sie liefen in das andere Königreich und gingen dort in die königlichen Ställe, wo ein flachsmähniges Ross stand. Da sprach der Löwe: »Das Pferd nimm, aber den Zaum nimm nicht!« Er ging auf das Pferd zu. Das Pferd war schön, doch der Zaum noch schöner, er konnte das Pferd nicht ohne den Zaum wegführen. Er warf ihm das Zaumzeug über den Kopf, aber es fing an zu klirren, so dass sie ihn ergriffen. Dann sagten sie zu ihm: »Wir geben dir nur dann das Pferd, wenn du hingehst und uns aus dem dritten Königreich die allerschönste Jungfrau bringst, die schöne Marina.«

Nun, da machten sie sich nach dem dritten Königreich auf und sie kamen unter des Königs Fenster. Dort war ein großer Garten. Der Löwe ging hinein, versteckte sich unter einem Apfelbaum und wartete auf die Jungfrau. Als sie in den Garten kam, nahm er sie auf den Rücken und lief davon und der Knabe setzte sich hinter das Mädchen. Da jagten ihnen drei Wächter nach. Der Löwe legte das Ohr an den Boden, um zu hören, ob sie verfolgt würden, und er hörte, dass sie ihnen nachjagten, denn der Boden zitterte. Er ließ den Knaben und das Mädchen in den Wald laufen und zerriss alle drei Wächter. Dann nahm er beide wieder auf den Rücken und sie liefen dahin, wo der Knabe die Jungfrau hinbringen sollte. Da verwandelte sich der Löwe selbst in ein Mädchen und sprach zu dem Knaben: »Wenn drei Tage vergangen sind, so rufe mich!« Nach drei Tagen rief ihn der Knabe und er war wieder bei ihnen. Dann liefen sie dorthin, wo sie das flachsmähnige Ross haben wollten. Der Löwe machte sich selbst zum Rosse und sprach: »Wenn du fünf Tage mit dem

Rosse gewartet hast, so rufe mich!« Da riefen sie lange, aber der Löwe kam nicht.

· Doch zuletzt bekam der Knabe alles! Das Mädchen bekam er, das flachsmähnige Ross mit dem Zaum und den Goldvogel in dem Käfig. Sie machten sich auf den Heimweg und gelangten zu dem Platze, wo der Löwe das Pferd gefressen hatte. Da war der Löwe wieder bei ihnen und der Knabe dankte dem Löwen, dass er ihm so viel Gutes getan hatte. Dann zog er mit seiner jungen Braut weiter, und sie ritten auf dem flachsmähnigen Rosse der Heimat zu. Am Wege aber stand ein Eichbaum, so schön, wie noch niemand einen gesehen hatte. Und der Knabe und das Mädchen waren so müde, dass sie sich nicht mehr auf dem Pferde halten konnten. Sie stiegen ab, banden das Pferd an den Baum und legten sich unter die Eiche, um zu schlafen. Den Goldvogel hängten sie mit dem Käfig in den Baum an einen Ast. Da kam der älteste Bruder des Weges daher. Er sah, wie der jüngste mit seiner Braut schlief, sah an dem Baumstamm das flachsmähnige Ross angebunden und den Goldvogel in dem goldenen Käfig an dem Aste schaukeln. Da ärgerte er sich, dass sein jüngster Bruder alles bekommen hatte. Er fiel über ihn her und tötete ihn. Dann nahm er den Vogel, das Mädchen und das flachsmähnige Ross und ging nach Hause.

Aber der Löwe wurde gewahr, dass jener Mann den Knaben getötet hatte, der mit ihm gegangen war, lief unter die Eiche und deckte seinen Leichnam mit Blättern zu. Es kamen aber ein Schwan und ein Rabe herbeigeflogen, die begannen an dem Knaben zu picken. Da sprang der Löwe aus dem Versteck, packte die Vögel und sprach zu ihnen: »Wenn ihr Wasser des Lebens und Wasser des Todes bringt, lasse ich euch fliegen.« Und die Vögel brachten ihm Wasser vom Lebensquell. Da las er alle Stücke zusammen, die abgehauen waren, und bestrich sie mit dem Wasser des Todes, da wurde der Körper wieder ganz, und die Wunden schlossen sich. Dann benetzte er mit

Lebenswasser seine Lippen, und der Knabe wurde wieder lebendig. Er stand auf und sprach: »Huhu, huhu, wie lange hab' ich geschlafen!« Der Löwe antwortete ihm: »Du hättest bis in alle Ewigkeit geschlafen, wenn ich nicht gewesen wäre.« Dann hieß er ihn flink heimgehen, wo sie alles zur Hochzeit bereiteten, denn der älteste Bruder wollte seine Braut freien.

Da bat der Knabe den Löwen, ihn so schnell wie möglich nach Hause zu bringen. Er kam heim zu seinem Vater und der Löwe ging mit ihm und sprach: »Wenn Ihr die Hochzeit nicht verhindert, zerreiße ich alle Hochzeitsgäste in Stücke.« Da wurde die Hochzeit abgesagt. Und der Knabe erzählte alles, wie es sich zugetragen hatte, dass er mit Hilfe des Löwen alles bekommen hatte, wie er sich mit seiner Braut unter die Eiche gelegt, um zu schlafen, und der Bruder gekommen war, ihn getötet und beraubt hatte. Da gab der Vater Befehl, den ältesten Bruder an den Schweif des flachsmähnigen Rosses zu binden und ließ den jüngsten damit in den Wald jagen. Dort aber schleifte dieser den Betrüger so lange, bis kein Glied mehr am andern war.

Finnische Mythe

Nachwort

Den Pflanzen wohnte für uns Menschen schon immer eine besondere Magie inne. Schließlich lässt sich ihr Wachstum nicht mit unserem bloßen Auge verfolgen und doch leben sie. Bäume sind so viel größer und mächtiger als Menschen und haben eine Generationen überdauernde Lebenszeit. Pflanzen zeigen oft ihre Fähigkeit, extrem widrigen Umständen zu trotzen und zu überleben. In allen Kulturen haben wohl deshalb Pflanzen über ihre Bedeutung als Nahrungsmittel hinaus eine große Faszination auf die Menschen ausgeübt. Sie versorgen nicht nur den Körper mit lebensnotwendigen Inhaltsstoffen. Sie können bei Krankheiten und Verletzungen eine heilsame Wirkung entfalten. Sie können aber auch tödlich giftig sein. Blütenphasen wechseln mit Fruchtständen ab. Manche Pflanzen sind winzig, andere erreichen eine unglaubliche Größe. So stehen Bäume für Kraft und Lebensenergie: Noch heute werden zum Beispiel in der Schweiz zur Geburt eines Kindes so genannte »Lebensbäume« gepflanzt.

Manchen Pflanzen wurde nachgesagt, mit Gottheiten in Verbindung zu stehen, und sie wurden für heilig erklärt. Tibetische Mandalas und Sandzeichnungen der Navajo-Indianer beschwören das Pflanzenwachstum ebenso wie Motive auf persischen Teppichen. Schon von Anbeginn der Geschichte haben unsere Vorfahren Naturphänomene beobachtet und sich zu erklären versucht. Wie kommt der Wechsel der Jahreszeiten zustande? Tod und Wiedergeburt manifestieren sich im Pflanzenzyklus. Welche Mächte wirken da? So entstanden Mythen, Märchen und Sagen rund um die Pflanzenwelt. Einige davon sind in diesem Buch versammelt.

Ich habe den Band in drei Kapitel unterteilt »Zauberhafte Gärten und Zauberpflanzen«, »Zauberwälder und Wunderbäume« sowie »Mythische Gärten und Geschichten«. Nicht alle Texte ließen sich dabei eindeutig zuordnen. In allen spielen Pflanzen eine wesentliche Rolle.

Zauberhafte Gärten und Zauberpflanzen

Als die Menschen begannen sesshaft zu werden und Ackerbau und Viehzucht zu betreiben, legten sie die ersten Gärten an. Die ursprüngliche Bedeutung des deutschen Wortes Garten leitet sich von »Gerte« ab. Es handelt sich dabei um ein von einem »gegürteten«, das heißt geflochtenen Zaun umgebenes Stück Land, in dem Heil-, Nutz- und Zierpflanzen gedeihen. Die Gerte, die geschnittene Weiden- oder Haselrute bildete das Rohmaterial für die Flechtzäune. Der Garten als umfriedeter Bereich steht im Gegensatz zur »wilden« ungezügelten Natur, die ihn umgibt. Er muss beschützt und gepflegt werden. Im Märchen kann der Garten ein verwunschener Ort sein, in dem Zauberpflanzen wachsen. Einzelne Blumen und Zauberkräuter aller Art stehen im Mittelpunkt vieler Volksmärchen. Im Märchen »Der Kräuterdieb« bezieht das Zauberpferd seine magischen Kräfte durch Kräuter, die es sich aus einem Garten holt. Der Dummling, dem es gelingt, den Garten zu bewachen, ist der wahre Reiter dieses Pferdes. Er ist dazu ausersehen, die Prinzessin zu heiraten. Pflanzen können sich im Märchen in Menschen verwandeln wie »Das Basilikummädchen«. Oftmals haben Blumen eine überragende Bedeutung als Wunderpflanze. Dabei galt die Rose bereits in der Antike als Königin der Blumen.

Die griechische Dichterin Sappho wurde vor dem Jahr 600 v. Chr. geboren und lebte vorwiegend auf der Insel Lesbos. Poetisch beschreibt die Dichterin das Blütengebinde eines jungen Mädchens: »Viele Kränze von Veilchen hast, und von Rosen und Krokus du, bei mir dir ins Haar gebunden.«

Seit über 2000 Jahren werden Rosen als Zier- und Heilpflanzen gezüchtet. Die Perser verwendeten schon früh Rosenöl als Duftextrakt. Bis heute ist es ein Grundstoff für die Herstellung von Parfüm. Die Rose symbolisiert Liebe und Freude, aber auch Schmerz und Vergänglichkeit (»Rosen welken, keine Rose ohne Dornen«). Bei den Griechen war die Rose die Blume der Liebesgöttin Aphrodite. Bei den Germanen wurde die Wildrose der Göttin Freya zugeordnet. Das Christentum übernahm die Rosensymbolik für die Marienverehrung.

800 n. Chr. richtete der Abt Walahfried Strabo im Benediktinerkloster auf der Insel Reichenau im Bodensee einen Blumengarten ein und schreibt über die blühenden Blumen im Garten: »Zwei Blumen, so geliebt und verehrt, die über die Zeitalter als Symbol der größten Schätze der Kirche dastanden, da sie die Rose pflückt als Zeichen des vergossenen Blutes der Märtyrer und die Lilie trägt als leuchtendes Zeichen des Glaubens, pflückt Euch die Rosen zum Krieg, für den Frieden die lächelnde Lilie.«

Die Rose ist oft auch das Symbol für Christus selbst, wie es noch in dem Weihnachtslied »Es ist ein Ros entsprungen« anklingt. Noch heute gilt das Überreichen roter Rosen als Liebeserklärung. Selbst die moderne Kommunikationsform über SMS bedient sich des Rosensymbols, um eine Liebesbotschaft zu senden Die Rose in weißer Farbe steht für Verschwiegenheit. So sind oft an Beichtstühlen Rosen abgebildet. Rosen sind in Märchen die Zauberblumen schlechthin. Beispiele in dieser Sammlung sind »Drei Rosen auf einem Stiel« und »Das Rosenmädchen«. Spontan denkt bei »Rosenmärchen« wohl jeder an das bekannte Grimm'sche »Dornröschen«. Eine etwas längere, lebendigere und mit erotischen Anspielungen verknüpfte Fassung finden wir bei dem französischen Märchensammler Charles Perrault, deren ersten Teil ich unseren Lesern nicht vorenthalten wollte, hier in der Bearbeitung von Moriz Hartmann.

Zauberwälder und Wunderbäume

Im Gegensatz zum von Menschenhand gepflegten Garten steht die Wildnis, der Wald. Europa war früher weitgehend von unwegsamen Wäldern bedeckt. Heute kennt man hauptsächlich nur noch Forsten, die ein Wegenetz durchzieht. Der ursprüngliche Wald war undurchdringlich. Wer im Märchen einen Wald durchqueren muss, der hat eine große Lebensaufgabe zu bewältigen. Wälder im Märchen bedeuten Gefahr, die es zu überwinden gilt. Dämonische Wesen aller Art lauern dort. Wer sich darin verirrt, kommt um. Die Märchenheldinnen und -helden verlassen den Wald stets als gereifte Persönlichkeiten. Wie alle Symbole ist der Wald ambivalent. Er ist nicht nur bedrohend, sondern bietet auch Schutz. Er liefert Nüsse, Früchte, Pilze und Beeren als Nahrung sowie Holz als wichtigen Bau- und Brennstoff. Das Märchen »Der Eisenhans« verbindet den Aspekt des Wilden, Ungezähmten mit dem des Kultivierenden, Hegenden, Pflegenden. Der Held wird Gärtner, nachdem er den Wald verlassen hat. Anklänge an das Märchen »Das kalte Herz« von Wilhelm Hauff, das auf einer uralte Sage beruht, entdecken wir im baskischen Märchen »Der Graf, der seine Seele verkaufte.« Dieser Text beeindruckt durch seine Aktualität. Sind wir nicht auch dabei, unsere Seele zu verkaufen im Streben nach Macht und Reichtum? Deutlich wird hier der Wald als Bedrohung, aber auch als Ort der Läuterung und Bewährung gesehen. Typische Waldmärchen sind außerdem unter anderem »Hühnchen und Kätzchen« und »Das Waldhaus« (siehe auch Sigrid Früh: Märchen von Vätern und Töchtern, Krummwisch 2011). Nicht nur der Wald als Ganzes findet vielfältige Beachtung in der Volkserzählung. Auch einzelne Bäume verfügen über die Macht der Magie. In der germanischen Mythologie ist neben der heiligen Göttereiche die Weltenesche (»Esche Yggdrasil«) zu erwähnen. Sie ist tief mit der Erde verwurzelt, ihre Krone zeigt in den Himmel. Auch Obstbäume können übersinnliche Kräfte entwickeln, insbesondere Apfel- und Birnbäume. Einige Beispiele finden wir in dieser Sammlung. Bäume können oftmals sprechen und besitzen zauberische Kräfte wie im Text »Der verzauberte Lindenbaum« oder stehen mit einer Gottheit in Verbindung wie im Märchen »Der wunderbare Birnbaum«.

Die Grenzen zwischen Zauberpflanzen und Heilpflanzen sind fließend. Heilkundige Frauen, die sich mit Kräutern auskennen, wurden ursprünglich hoch geachtet, später aber zu bösen Hexen degradiert, weil ihr medizinisches Wissen mit der Heilkunde in Männerhand konkurrierte.

Mythische Gärten und Geschichten

Die Pflanzenwelt spielt in der griechischen Mythologie eine zentrale Rolle. Im Garten der Hesperiden stehen goldene Äpfel. Diese Bäume wurden Hera als Hochzeitsgeschenk von der Mutter Erde gegeben, damit Braut und Bräutigam mit der heiligen Hochzeit die Fruchtbarkeit der Erde garantieren (»Die goldenen Äpfel der Hesperiden«). Das Motiv der Blumen oder Früchte, die unter Gefahr aus einem Garten geholt werden müssen, findet sich häufig auch in Volksmärchen wieder.

Oft wird der Garten von Ungeheuern und Dämonen oder verzauberten Weisen bewacht. Den mythologischen Garten stellte man sich rechteckig und kreuzförmig, in alle vier Himmelsrichtungen angelegt, vor. Er ist ein Abbild der Schöpfung selbst. Tempelbauten mit solchen heiligen Gärten und Hainen finden sich in verschiedenen Kulturkreisen. Die europäischen Klostergärten sind vermutlich Relikte von viel älteren heiligen Gärten, in denen Heilpflanzen gezüchtet wurden.

Ovid beschreibt dies in seinen Metamorphosen:
»… doch umsonst seine Kunst: Es war unheilbar die Wunde.
Wie wenn Veilchen einer und Mohn im berieselten Garten
Oder Lilien bricht mit gelben, starrenden Zungen,
Und sie lassen, verwelkt, auf einmal hängen die Köpfe,
Halten sich aufrecht nicht mehr und blicken nieder
zur Erde …«

In der bildenden Kunst ist der Garten oft eine Allegorie auf das Paradies, den Ort der ewigen Glückseligkeit. Maria wird im »Hortus conclusus« (im umschlossenen Garten) als Himmelskönigin dargestellt (zum Beispiel von dem Maler Martin Schongauer).

Anklänge an germanische Mythen manifestieren sich im Märchen in der Figur der Frau Holle, einer ursprünglichen Muttergottheit. Ein besonders schönes Beispiel ist hier das Märchen von der Holundermutter. In der Mitte des mythologischen Gartens befindet sich oft der Lebensbaum, die Frucht oder Blume des Lebens. Es ist der Ort der Liebe und der Verführung.

Das berühmteste Beispiel eines mythologischen Gartens ist der biblische Garten Eden. Das Liebespaar trifft sich im Märchen oft im Garten. Das Hohelied, das so unvergleichlich schön im Alten Testament die Liebe zwischen Mann und Frau besingt, spielt ebenfalls in einem Garten. Das Christentum lebt von der Hoffnung, dass die Menschen durch Jesus wieder ins Paradies, in den Garten der immerwährenden Glückseligkeit zurückkommen werden. Die Verbindung zwischen Gott und Mensch ist in diesem Garten gegeben, zwischen Gott, dem Schöpfer der Natur, und dem Menschen, der diese Natur veredelt. Der große Kirchenlieddichter Paul Gerhardt schreibt in einem seiner Verse:

> »Freude die Fülle
> und ewige Stille
> hab' ich zu warten
> im himmlischen Garten,
> darauf sind all mein Gedanken gericht'.«

Diese Sehnsucht nach dem Garten der Freude und des immerwährenden Glücks spiegelt sich in den verschiedenen Facetten in der Märchenwelt wieder.

Danken möchte ich meinem Mann Helmut, der mich in meiner Arbeit unermüdlich unterstützt, und Marlies Hörger für die guten Ratschläge und für die Übersetzungen aus dem Französischen.

Sigrid Früh, im Dezember 2012

Quellen

Zauberhafte Gärten und Zauberpflanzen

Drei Rosen auf einem Stiel
Ernst Meier: Deutsche Volksmärchen aus Schwaben, Stuttgart 1852.

Das Rosenmädchen
Josef Haltrich: Deutsche Volksmärchen aus dem Sachsenlande in
Siebenbürgen, Wien³ 1882.

Dornröschen
Titel im Original: »La Belle au Bois dormant« (erster Teil),
Märchen nach Charles Perrault, neu erzählt von Moriz Hartmann,
Stuttgart 1867.

Die Rosenkönigin
Ludwig Bechstein: Deutsches Märchenbuch, Leipzig 1857.

Der Löwe und der Frosch
Kinder und Hausmärchen der Brüder Grimm, Ausgabe letzter Hand,
Göttingen 1857.

Der verfluchte Garten
Theodor Vernaleken: Kinder- und Hausmärchen in den Alpenländern,
Wien/Leipzig 1896.

Die verwünschte Blumenbraut
Francisco Adolfo Coelho: Contos opulares portugueses, Lisboa 1879.

Das Pfefferkorn
Johann Georg von Hahn: Griechische und Albanesische Märchen,
Bd. 1, Berlin 1918.

Fiorindo und Chiara Stella
Paul Heyse: Italienische Volksmärchen, München 1914.

Der Kräuterdieb
Nach mündlicher Erzählung auf der Schweizer Bodenseeseite 1992,
aufgezeichnet von Sigrid Früh.

Der Basilikummädchen
Johann Georg von Hahn: Griechische und Albanesische Märchen,
Bd. 2, Berlin 1918.

Die Blumen von Lagorài
Karl Felix Wolff: Dolomitensagen, Bozen 1913.

Der Waldkater
Theodor Vernaleken: Kinder- und Hausmärchen in den Alpenländern,
Wien/Leipzig 1896.

Zauberwälder und Wunderbäume

Der Graf, der seine Seele verkaufte
Das Märchen wurde mündlich in Französisch erzählt. Marlies Hörger
hat es aufgezeichnet und aus dem Französischen übersetzt.

Der Eisenhans
Kinder und Hausmärchen der Brüder Grimm, Ausgabe letzter Hand,
Göttingen 1857.

Hühnchen und Kätzchen
Nach der mündlichen Erzählung eines Bauern im Wolftal im Elsass
1973, aufgezeichnet von Sigrid Früh.

Der Schäfer und die Prinzessin
Nach mündlicher Erzählung in der Nähe von Lützelburg/Lothringen
1968, aufgezeichnet von Sigrid Früh.

Die Hennenkrippe
Otto Sutermeister: Kinder und Hausmärchen aus der Schweiz,
Aarau 1873.

Von den Burschen, die im Hedalswald die Trolle trafen
Peter Christen Asbjørnsen und Jørgen Engebretsen Moe:
Norwegische Volksmärchen, Berlin 1847.

Das Waldhaus
Kinder und Hausmärchen der Brüder Grimm, Ausgabe letzter Hand,
Göttingen 1857.

Das Rotkäppchen
Titel im Original: »Le Petit Chaperon rouge«,
Märchen nach Charles Perrault, neu erzählt von Moriz Hartmann,
Stuttgart 1867.

Der Granatbaum des Affen
Francisco Adolfo Coelho: Contos opulares portugueses, Lisboa 1879.

Der wunderbare Birnbaum
Titel im Original: »Le poirier merveilleux«,
unveröffentlichte Märchensammlung, die Achille Millien in den
Jahren 1885 bis 1890 aufzeichnete, aus dem Französischen übersetzt
von Marlies Hörger.

Der verzauberte Lindenbaum
Iwan A. Chudjakow: Velikorusskie skazki, Moskau 1860/62,
aus dem Russischen übersetzt von Paul Walch.

Der Dummkopf und die Birke
Alexander Nikolai Afanasjew: Narodnye russkie skazki,
Moskau 1861/63, aus dem Russischen übersetzt von Paul Walch.

Der klingende Baum
Theodor Vernaleken: Kinder- und Hausmärchen in den Alpenländern,
Wien/Leipzig 1896.

Der Wanderbursche auf der Tanne
Otto Sutermeister: Kinder und Hausmärchen aus der Schweiz,
Aarau 1873.

Wie Blinde sehend werden
Teófilo Braga: Contos tradicionaes do povo português,
Lissabon 1914/15.

Mythische Gärten und Geschichten

König Laurins Rosengarten
Karl Felix Wolff: Dolomitensagen, Bozen 1913.

Der fremde Garten
Hans Friedrich Blunck: Märchen und Sagen, Hamburg o. J.

Großmütterchen Immergrün
Carl und Theodor Colshorn: Märchen und Sagen aus Hannover,
Hannover 1854.

Von den zwölf Monaten
Joseph Wenzig: Westslawischer Märchenschatz, Leipzig 1857.

Odysseus und Laertes
Gustav Schwab: Die schönsten Sagen des klassischen Altertums,
Bd. 3, Gütersloh/Leipzig 1882.

Die goldenen Äpfel der Hesperiden
Gustav Schwab: Die schönsten Sagen des klassischen Altertums,
Bd. 1, Gütersloh/Leipzig 1882.

Die Zarentochter im unterirdischen Reich
Alexander Nikolai Afanasjew: Narodnye russkie skazki,
Moskau 1861/63, aus dem Russischen übersetzt von Paul Walch.

Frau Holles Apfelgarten
Nach der mündlichen Erzählung einer Aussiedlerin aus Litauen 1992,
aufgezeichnet von Sigrid Früh.

Die Holundermutter
Nach mündlicher Erzählung in Busenwill in Lothringen 1986,
aufgezeichnet von Sigrid Früh.

Der Goldvogel
August von Löwis of Menar: Finnische und estnische Märchen,
Jena 1922.